C.H.BECK WISSEN

Nur als sprachfähige Wesen sind wir personale Subjekte. Diese Einführung rückt die Sprachphilosophie daher ins Zentrum einer aufgeklärten Philosophie des Geistes, und zwar als sinnkritisches Selbstbewusstsein von Wissen und Wissenschaft. Sie erläutert die wichtigsten Beiträge aus der Geschichte dieser philosophischen Disziplin und macht den Leser mit den Themen und Techniken heutiger Sprachphilosophie bekannt, von der Frage nach der Rolle der formalen Logik über das Verhältnis von Sprache und Handlung bis hin zur modernen Grammatiktheorie.

Pirmin Stekeler-Weithofer ist Professor für Theoretische Philosophie an der Universität Leipzig.

Pirmin Stekeler-Weithofer

SPRACHPHILOSOPHIE

Eine Einführung

Verlag C.H.Beck

Philosophische Einführungen
in der Reihe C.H.Beck Wissen

Otfried Höffe: Ethik
Klaus Kornwachs: Philosophie der Technik
Albert Newen: Philosophie des Geistes
Dietmar von der Pfordten: Rechtsphilosophie
Norman Sieroka: Philosophie der Physik
Holm Tetens: Wissenschaftstheorie

Weitere Bände in Vorbereitung

Originalausgabe

Satz: Fotosatz Amann, Memmingen
Druck und Bindung: Druckerei C.H.Beck, Nördlingen
Umschlagentwurf: Uwe Göbel, München
Printed in Germany
ISBN 978 3 406 66978 1

www.beck.de

Inhalt

Einleitung

> Kaum einer versteht, was ein Begriff ist.
> Hans-Georg Gadamer

1. Sprachphilosophie ist scheinbar aus der Mode gekommen. Dabei hatte sie lange als der wesentliche Beitrag des 20. Jahrhunderts zur Entwicklung des systematischen philosophischen Denkens gegolten. Das bleibt sie in der Tat. In ihren Ursprüngen reicht sie allerdings viel weiter als ins ausgehende 19. Jahrhundert zurück, was hier in Umrissen deutlich werden soll. Auch für die Zukunft bleiben sprachphilosophische Erörterungen als Ortsbestimmungen begrenzten Sinns notwendig. Ohne ein kritisches Verständnis verschiedenster sprachlicher Ausdrucksformen gibt es keinen bewussten Umgang mit begrifflichen Denkformen, gerade auch in wissenschaftlichen Theorien, aber auch in jeder Rede über Geist, Gott, Welt und Natur.

Einer allgemeinen Meistererzählung zufolge wird eine ‹theologische› *Metaphysik* qua *Transzendenzglaube* spätestens seit dem 17. Jahrhundert, besonders seit Descartes, abgelöst von einer *Bewusstseinsphilosophie* mit ihrem Streben nach Gewissheit und Sicherheit und, seit Hobbes, von einer empiristischen *Erkenntnistheorie*. Im 20. Jahrhundert wird diese wiederum von einer *sprachanalytischen Philosophie* als Methode sinnkritischer Reflexion und damit als neuer *Erster Philosophie* beerbt, so dass in ihr die Entwicklung zu enden scheint, die mit der aristotelischen *prima philosophia*, der Metaphysik, beginnt. Besonders bedeutsam ist diese Reflexion der Sprachphilosophie für jede *Philosophie des Geistes* und jede *Ontologie*. Im ersten Fall geht es um die spezielle Frage, worin die *sapientia* des *homo sapiens* eigentlich besteht. Im zweiten Fall geht es um eine höchst allgemeine logische Analyse der basalen Begriffe von Sein und Seiendem, wie man früher sagte, also von *Welt*, *Existenz* und *Wirklichkeit* und damit von dem, was einen *Wissens-*

anspruch wahr macht. Dabei verführt gerade der *Skeptizismus* als Folge eines scheinbar kritischen Denkens, nach welchem niemand ein wirklich sicheres Wissen über die Wirklichkeit beanspruchen kann, zu einem *Glauben* an eine metaphysische und transzendente Wirklichkeit ‹hinter› unseren unmittelbaren Erfahrungen der physischen Welt. Diesen Glauben teilen ironischerweise ‹theologische› und ‹szientistische› Weltbilder. Sprachphilosophie verlangt stattdessen eine robuste, realistische Analyse dessen, was wir in den Wissenschaften wirklich tun, wie wir also wirklich reden, etwa wenn wir die wertenden Wörter «wahr» und «Wissen» gebrauchen.

Die ‹Gegenstände› der Philosophie – Sein, Wahrheit, Bewusstsein – erweisen sich am Ende als Teilmomente eines einzigen Gesamtproblems, das in der kantischen Hauptfrage «Was ist der Mensch?» zusammengefasst ist. Im Zentrum steht die geistige Kompetenz, das genuin menschliche Verstehen und Wissen, samt deren Entwicklung in und durch Wissenschaft. Die Rede von unserem menschlichen Geist, auch von unserem Bewusstsein oder Willen, nimmt z. B. nicht einfach Bezug auf mentale Gegenstände. Vielmehr müssen wir hier die Sprachtechnik des rechten Gebrauchs *abstraktiver Nominalisierungen* von Adjektiven oder Verben wie «geistig» in «Geist», «bewusst» in «Bewusstsein» oder «Bewusstheit», «wollen» in «Willen» und «beabsichtigen» in «Absicht» verstehen. Den Nennungen in den Nomina entsprechen keine mystischen Gegenstände. Ihr Vorkommen in einer ganz besonderen Sprachform dient bloß einer allgemeinen Reflexion auf Vollzugsformen des menschlichen Lebens. Entsprechend sind Reden von unserem Verstand, der Vernunft, der Phantasie, der Urteilskraft oder dann sogar von visuellen, haptischen, auditiven und anderen Wahrnehmungen zu verstehen. In ihnen sind keine eigenständigen Module etwa einer automatischen Verarbeitung von Informationen in unserem Geist oder Gehirn genannt. Bestenfalls ist auf allgemeine Momente eines allgemeinen personalen Könnens verwiesen. Ein solches Können hat zwar physiologische und psychologische Vorbedingungen. Manche ‹Funktionen› der Sinne und der ‹Verarbeitung ihres Inputs›, wie man metaphorisch und vage sagt, können z. B. aufgrund vieler Zufälle, besonders aber leiblicher Mängel zusammenbrechen. Derartige *notwendige* Bedingungen sind trotz aller Metaphern oft leiblich lokalisierbar, etwa in den Sinnesorganen oder im Gehirn. Das Können selbst ist aber nicht ohne Bezugnahme auf ein gemeinsames Tun und auf erfolgreiche Kooperationen in Kommunikation und Handlungen mit anderen Personen in seinen Erfüllungsbedingungen definiert. Das aber heißt, dass alles Geistige den Bereich des Physiologischen und Psychologischen überschreitet oder, wie man auch sagt, transzendiert. Es ist ein sozialkulturelles Phänomen und damit ein genuines Thema humangeschichtlicher Geisteswissenschaften.

Nur als *sprachbegabtes Wesen* besitzt der Mensch Geist. Nur so hat er Verstand, Wissen und Handlungskompetenz. Echte Philosophie des Geistes reflektiert daher immer schon auf die Rolle der Sprache für die besondere Form eines ‹selbstbewussten› Lebens. Wer ein solches Leben führen kann, weiß um seine Lage in der Welt. Dieses Wissen steht in einem fundamentalen Kontrast zu einer bloß animalischen Kognition. Bei ‹sozialen› Tieren ist das Verhalten der einzelnen Lebewesen rein koordinativ. Es bleibt sozusagen autistisch, von deren präsentischem Dasein aus bestimmt. Daher nivelliert die Überbetonung der Ähnlichkeiten von Tier und Mensch, von Signalverhalten und Sprachgebrauch, von Kognition und Wissen wesentliche Unterschiede. Es ist allerdings nicht einfach, das *Verhalten* auch noch sozialer Tiere der Form nach begrifflich klar von einem personalen, kommunikativen und kooperativen *Handeln* zu unterscheiden, wie es nur Menschen möglich ist. Dazu ist die Rolle des Sprechhandelns für die Konstitution von Intersubjektivität richtig zu bestimmen.

2. Sprache ist keineswegs spät, etwa erst in Johann Gottlieb Herders Spekulationen zum Ursprung der Sprache oder in Gottlob Freges Erfindung einer formallogischen ‹Begriffsschrift›, zu einem besonderen Thema philosophischer Reflexion geworden. Es war auch nicht erst Ferdinand de Saussure, der Begründer des linguistischen Strukturalismus, der sie zu einem eigenen Gegenstand systematischer und nicht bloß historischer Wissen-

schaft gemacht hat. Sprache steht vielmehr schon am Beginn der Philosophie bei Heraklit und Platon, unter den Titeln «*logos*» bzw. «*dialektikē technē*», im Zentrum philosophischen Nachdenkens und spätestens seit den alexandrinischen Grammatikern im Mittelpunkt systematischer Sprachwissenschaft.

Weil Sprachphilosophie die Beherrschung von allerlei logischen Techniken verlangt, ist sie leider weniger populär, als es für eine selbstbewusste Kultur des Wissens und der Bildung unbedingt notwendig wäre. Denn um einzusehen, dass exakte Schemata wie die der Mathematik im Sprechen über wirkliche Sachen der Welt selbst nie rein schematisch, sondern immer mit erfahrener Urteilskraft anzuwenden sind, muss man die Schemata und Sprachtechniken selbst und ihre begrenzte Rolle in Kommunikation und stillem Denken begreifen, was erst der spätere Ludwig Wittgenstein klar gesehen hat. Zunächst aber übernahm der junge Wittgenstein wie später auch der theoretische Linguist Noam Chomsky eine Einsicht, welche Gottlob Frege am Beispiel der Ausdrucksformen der Arithmetik entwickelt hat. Es ist die Einsicht in die *sprachtechnische* Bedeutung von syntaktischen ‹Oberflächen-› und semantischen ‹Tiefenstrukturen› für das sprachliche Sinnverstehen. Allerdings war schon in der Antike auf die Bedeutung der Konfiguration der Ausdrücke und der syntaktischen Formen der Sätze (der «*logoi*») hingewiesen worden. Diese seien auf der Basis von *Elementen*, phonematischen Lauten und Buchstaben bzw. morphematischen Grundworten, in ihrer *Zusammenlegung* zu ‹analysieren›. Das griechische Wort «*legein*» bedeutet ja «legen» und «lesen».

Wie schon Platon fassten dann auch Thomas Hobbes oder Johann Georg Hamann das *Denken* im Wesentlichen und ganz explizit als ein *stilles Sprechen mit sich selbst* auf, samt einem durchaus metaphorischen ‹inneren Hören›, wie Kant hinzufügte. Die Sprachphilosophie schließt an diesen philosophischen Gemeinplatz an. Kant interessierte sich allerdings in erster Linie für *allgemeine begriffliche Formen einer Sprache überhaupt* (also der *langage* im terminologischen Sinn de Saussures) und nicht, wie Wilhelm von Humboldt, für die *besonderen Formen* einer Einzelsprache (*langue*), etwa des Deutschen. Kants Analyse von

Denk- und Urteilsformen im Ausgang von der Gliederung des Satzes in Nominalphrase und Verbalphrase erweist sich damit als allgemeine logische Semantik *übersetzbarer* Ausdrucksformen. Es wird mit einigem Recht unterstellt, dass es in allem menschlichen Sprechen, wenn schon nicht in den Sprachen als Ausdruckssystemen, *funktionale Äquivalente* für Nennungen und Benennungen, prädikative Unterscheidungen, Verneinungen und Quantoren wie «alle», «manche» und «viele» gibt. Kants *Deduktion* von *Kategorien* zeigt dabei die Anwendung derartiger logischer Formen auf Gegenstandsbereiche im dinglichen Weltbezug unseres Erfahrungswissens auf. Dabei wird weniger ‹bewiesen› als demonstrativ aufgezeigt, so wie in der Rechtswissenschaft «Deduktionen» einst dem Aufweis der Anwendbarkeit von Normen und Regeln dienten.

Die vermeintliche Verkürzung des Denkens und ‹Vorstellens› auf das leise Sprechen bzw. auf die Planung von Sprechakten, von der häufig kritisch die Rede ist, ist deswegen wenigstens als prototypischer Fall gerechtfertigt, weil jedes Verstehen von *Zeichen* und *Bildern* dem *Lesen* völlig analog ist, zumal es sogar in der Musik eine *Rhetorik* gibt. Der ‹Fortschritt› im sogenannten *semiotic* oder *iconic turn*, der Wende zu den Zeichen und zu den Bildern, sieht daher gegenüber dem *linguistic turn* des 20. Jahrhunderts, also der Wende zur Sprache, größer aus, als er in Wirklichkeit ist. Alle derartigen Wendungen sind durchaus wichtige, aber immer auch überschätzte Betonungen in philosophischen Reflexionen.

Von besonderer methodischer Wichtigkeit ist die Einsicht, die von Wittgensteins Spätphilosophie bis zur neueren Sprachphilosophie Robert B. Brandoms führt, dass jede Grammatikschreibung die grammatischen Formen nicht etwa schafft, sondern nur explizit macht. Die explizit gemachten Regeln wirken dann allerdings auf die Vollzugsformen und die Kompetenz des Sprechens und Schreibens zurück. In ähnlicher Weise machen alle logischen Sprachanalysen semantische Vollzugsformen eines schon vorgängigen performativen Redens, Schreibens, Lesens und Verstehens bloß explizit und entwickeln die Fähigkeit der erfolgreichen gemeinsamen Beherrschung von Sprache.

3. In der folgenden Einführung in die Sprachphilosophie sollen Themen und Bedeutsamkeit sprachanalytischer Überlegungen an den Sachen selbst aufgezeigt werden. Die Philosophen, die Wesentliches beigetragen haben, werden jeweils nur kurz benannt, nicht im Detail vorgestellt, zitiert oder paraphrasiert. Der sachbezogene und systematische Zugang und die Verknappung der Darstellung bringen es mit sich, dass man selbst mitdenken, miturteilen und mitfragen kann und muss. Dabei erhält man dann nicht bloß einen Bericht über die wesentlichen Fragen und Zwischenergebnisse der Geschichte der Sprachphilosophie etwa des 20. Jahrhunderts. Die eigenständig einzuübenden sprachtechnischen und formentheoretischen, auch logischen Fähigkeiten vermitteln die Einsicht, dass jede Wissenschaft und jede Philosophie, wie jeder normale Schreiber und Leser, Sprecher und Hörer, in vielerlei Betracht einer sprachphilosophischen Bildung bedarf. Logik und Sprachanalyse werden dabei als Medien wissenschaftlichen Selbstbewusstseins sichtbar.

Konkret folgt auf die Betrachtung des Verhältnisses von *Sprache und Bewusstsein* (Kapitel 1) eine Einführung in die Technik der formallogischen Darstellung von Sprachformen, wie sie zunächst in Freges *sprachlogischer Wende der Philosophie der Mathematik* (Kapitel 2) entwickelt wurde. Danach geht es um ihre Bedeutung für die Begriffsanalyse im Allgemeinen und die Begriffe der *empirischen Möglichkeit und Notwendigkeit* im Besonderen (Kapitel 3), also um die Folgen aus den Einsichten in die formale Logik der Sätze der Mathematik für die Sprachphilosophie. Die weitere Entwicklung der sprachanalytischen Philosophie führt dann von Kants Frage nach den Bedingungen der Möglichkeiten synthetisch apriorischer, also nicht bloß definitorischer und nicht einfach historischer Aussagen *ex post* zur Frage nach der Verfassung oder *Konstitution empirischer Gegenstände und Aussagen* (Kapitel 4). Die empirischen Inhalte sind nämlich durch inferentiell dichte Begriffe bestimmt. In ihnen sind sogenannte *Dispositionen* auf *generisch-allgemeine* oder *materialbegriffliche Weise* erstens mit Worten und zweitens mit kriterialen Unterscheidungen verbunden (Kapitel 5).

Am Ende erscheint Sprache als Systemoid von Formen möglicher Trägerhandlungen für Kommunikation und Sinnverstehen. Diese sind eingebettet in allgemeine Praxisformen, welche für jedes Einzelhandeln normativ mitbestimmen, was als allgemein richtungsrichtiges Handeln im Rahmen gemeinsam beurteilter ‹Wahrheiten› zählt und was als Fehler oder Mangel unter diesen Gesichtspunkten zu werten ist (Kapitel 6). Jede ‹Wahrheit› als normative Richtigkeit hat dabei einen impliziten Bezug auf eine kooperative Praxis, z. B. schon das richtige Sprechen und Schließen. Diese Einsicht steht in einem gewissen Kontrast zur Vorstellung von einem *System syntaktischer und deduktivsemantischer Regeln*, die einfach im Kopf wie in einem Computer implementiert sein sollen (Kapitel 7).

4. Insgesamt zeigt sich ein enges Verhältnis zwischen Sprachphilosophie und Wissenschaftsphilosophie. Denn Wissenschaft ist nicht Sammlung empirischer Informationen, sondern gemeinsame Arbeit an allgemeinen begrifflichen Differenzierungen, welchen Ausdrucksformen zugeordnet werden, die ihrerseits dispositionelle Normalfallinferenzen artikulieren. Wissenschaft ist Kanonisierung von sprachlichen Artikulationen für begriffliche Unterscheidungen, Relationen und Inferenzen. Wissenschaftliche Theorien sind Sprachkonstruktionen, in denen wir taxonomische, differenzierende Begriffe und inferentielle Dispositionsbegriffe einander auf möglichst harmonische, also allgemein brauchbare Weise zuordnen. Man denke als Beispiel an den lebensweltlichen und dabei phänomenalen Stoffbegriff des Wassers. Der chemische Begriff H_2O ist inferentiell präzisiert im Sinne eines Stoffes, der sich dispositionell in Sauerstoff und Wasserstoff zerlegen lässt und durch Verbrennung oder Oxidation aus Wasserstoff entsteht. Im Satz, dass Wasser H_2O ist, werden die Begriffe identifiziert. Es ist dabei die Sprachentwicklung und die Entwicklung von Notationen in eigens entworfenen Wissenschaftssprachen gar nicht von der Wissensentwicklung zu trennen.

Wenn wir über die empirische Welt sprechen, dann unterstellen wir schon einen gegebenen Kanon der rechten Unterscheidung und des rechten Schließens. Das allgemeine Wissen bestimmt dabei die Kriterien des Richtigen auf der Seite des Urteilens und Handelns. Hinzu kommt aber ein immer auch möglicherweise zufälliger Misserfolg oder ein bloß kontingenter Erfolg. Wegen der Spannung zwischen einem allgemeinen Wissen als einer Art generischem Vorherwissen, wie sich etwas an sich oder der Gattung oder Art gemäß normalerweise verhält, und immer auch zufälligen empirischen Einzelereignissen gibt es sozusagen keine absolute Wahrheit für weltbezogene Aussagen. Es gibt immer nur bestmögliche Urteile und Schlüsse, deren Prüfung Gewissenhaftigkeit verlangt. Zu prüfen ist, in welchem Maß an Feinheit, Grobheit oder Körnigkeit kriteriale Schemata auf das passen, was zu unterscheiden, zu sagen oder zu schließen ist.

Allgemeines Wissen ist Schematisierung. Schematisierungen korrespondieren Idealtypen. Wir verwandeln in ihnen Paradigmen und Prototypen in Stereotypen. Daher ist alles Formenverstehen gleichzeitig schematisch und ideal. Es ist an sich ein bloß prinzipielles Verstehen. Zu einem konkreten Begreifen wird es erst im freien, aber angemessenen Urteilen und im freien, aber erfahrungsgesättigten Schließen. Dabei gibt es immer auch Entscheidungen zwischen verschiedenen Schemata in den Darstellungen einer Sache. Ebendaher wäre eine rein schematische, verbaltheoretische Darstellung unserer Kooperationstechnik des Sprechens immer zu grob. Für eine sachgerechte Einführung in die Sprachphilosophie ergibt sich das Problem, dass eine Zusammenstellung von angeblichen Ergebnissen der Entwicklungsgeschichte philosophischer Sprachanalyse nicht ausreichend weiterhilft. Stattdessen bedarf es der Erinnerung an ein vorgängiges Können auch in uns schon bekannten Formen der Reflexion auf Sprache und Denken.

I. Sprache und Bewusstsein

1. Das Innere der Seele

Dass es unser Verstand, unsere Vernunft, unser Denken oder unser Bewusstsein sei, das uns Menschen vom Tier unterscheidet, ist eine uralte Lehre. Aber wovon sprechen wir, wenn wir von der menschlichen Seele, dem *atman* des Menschen oder *dem Ich* sprechen? Was meinen wir, wenn wir von unserem Verstand, unserer Vernunft, unseren rationalen Fähigkeiten reden? Die Frage nach diesen Begriffen führt jeden, der nachdenkt, fast unmittelbar zu einem der wichtigsten Sonderthemen der Sprachphilosophie. Denn die logische Klärung dieser Begrifflichkeiten ist zentral für eine wirklich wissenschaftliche, und das heißt, sich ihrer Methoden der Darstellung von Wissen bewusste Anthropologie, Psychologie und Kognitionsforschung. Nur in einer begrifflich aufgeklärten Philosophie des Geistes kann aus bloßen Sammlungen empirischer Einzelkenntnisse über ‹intelligentes› Verhalten ein Wissen über unsere geistigen Fähigkeiten werden. Schon weil empirische Sachverhalte und sogar statistische Häufigkeiten sich rein zufällig ergeben können und daher jeder Einzelbericht über Historisches bloß erst als Anekdote zu werten ist, ist es eine irreführende Ausdrucksweise, wenn man sagt, die Sätze der Naturwissenschaft seien empirisch. Empirisch im engeren Sinn sind bloße Erzählungen a posteriori oder Aufzählungen von Daten. Empirisch sind auch einzelne Erwartungen, wie gut sie auch immer begründet sind. In der Wissenschaft formulieren wir aber *allgemeine* Aussagen, keine Berichte darüber, was einzelne Wissenschaftler empirisch wahrgenommen haben, und keine Prognosen, was bloß im Einzelfall geschehen wird. Die Theoreme sind als Ausdrücke für *allgemeine Normalfallschlüsse* unter entsprechenden Bedingungen zu lesen. Das heißt, wissenschaftliche Sätze artikulieren allgemein im Urteilen verwendbare Schlussformen. Theorien sind satzartige Beschreibungen von Modellen und anderen allgemeinen Orientierungshilfen. Sie sind nie rein schematisch zu gebrauchen, so wenig wie irgendeine Landkarte.

Eine zentrale Frage sprachphilosophischer Sinnanalyse, die in gewissem Sinn mit einer Logik im allgemeinsten Sinn des Wortes zusammenfällt, ist daher: Wie gelangen wir auf vernünftige Weise zu *allgemeinen Wahrheiten*? Die Frage ist wichtig, da diese Wahrheiten *materialbegriffliche Voraussetzungen* sinnvoller empirischer Aussagen sind. Sie leiten unser Schließen und Rechnen mit Möglichkeiten, auch in prognostischen Erwartungen. Denn wir verstehen empirische Aussagen nur, wenn wir schon wissen, wovon die Rede ist und was aus dem Gesagten normalerweise materialbegrifflich folgt. Sprachphilosophie wird hier zur *Methode der sinnkritischen Analyse wissensbezogener Redeformen.* Eine solche ist besonders wichtig für eine Aufhebung traditioneller Mystifizierungen unserer Rede über geistige Fähigkeiten, über geistige Inhalte und damit über uns selbst. Sie ermöglicht eine Kritik an der Überschätzung rein behavioraler, auch rein statistischer, erst recht bloß physiologischer Betrachtungsweisen von uns selbst. Die bloße Reaktion auf Wahrgenommenes ohne Urteil ist noch kein Wissen, keine Erkenntnis. Daraus ergibt sich eine Kritik an der naiven Unterstellung eines unmittelbaren Zugangs zur Welt. Dabei ist allgemeines Wissen von der Frage zu unterscheiden, was ein Einzelner über die Welt, dann aber auch über seine und unsere *mentalen* und schließlich unsere *geistigen* Eigenschaften, Fähigkeiten und Zustände weiß. Ein Einzelner kann nur wissen, was man wissen kann: Die Wahrheit seines Wissensanspruchs liegt nicht in seiner Macht, noch nicht einmal dessen allgemeine Anerkennbarkeit.

Mit der Frage nach der Wahrheit eng verbunden ist die *ontologische* Frage, was Natur, Welt und Wirklichkeit sind, also was wir mit diesen Titelwörtern begrifflich überschreiben. Wenn wir zum Wissen, Denken und Bewusstsein übergehen, fallen wir leicht auf die Metapher von einem *Inneren* herein, wie sie in unseren reflexionslogischen Reden praktisch überall auftritt. Indem man sie wörtlich nimmt, sucht man den Geist oder das Erkennen im Inneren des Leibes, heute vorzugsweise im Kopf, und identifiziert ihn sogar mit den Gehirnprozessen. Dabei lautet die wohl richtigere Antwort schon bei Heraklit, dass der Geist sich nicht *in uns*, sondern *zwischen uns* befindet – und dass das Besondere am menschlichen Bewusstsein und an seinen geistigen Fähigkeiten ganz eng mit der *Sprachkompetenz* zusammenhängt. Was dem Menschen als *Geist* oder *daimōn* erscheint, ist sein *ēthos*, sein charakteristisches soziales Benehmen und, beim Einzelnen, sein besonderer sozialpsychologischer Charakter, vermittelt durch Gewohnheiten. Wesentliches Moment des höheren Geistes, des Verstandes und der Vernunft, ist der *logos*, die Kompetenz des Erwerbs und der Beherrschung von Sprache.

Es ist selbstverständlich, dass das Gehirn gesund, also normal funktionsfähig sein muss, damit man geistige Fähigkeiten erwerben und erhalten kann. Doch die Untersuchungen der Normalfunktionen des neurophysiologischen Apparats liefern nur *notwendige*, noch keine *hinreichenden* Bedingungen des Denkvermögens und höheren Bewusstseins. Nur wenn wir *mental* und psychisch gesund sind, sind wir *geistig* gesund. Aber man kann auch ohne jeden neurophysiologischen oder mentalen Defekt geistig ‹verrückt› sein. Leibliche und psychologische Normalitäten sind keine hinreichenden Bedingungen für geistige Kompetenz – was man schon an Kaspar-Hauser-Fällen sehen kann. Kaspar Hauser konnte nicht sprechen und ebendeswegen vieles nicht verstehen. Es gibt vielerlei Arten kultureller, bildungsbezogener und ethischer Defekte, sogar im Kollektiv.

Zudem begann Platons Sokrates, die Schwierigkeiten unserer sprachlichen Artikulation geistiger Kompetenz zu erkennen. Er nennt dabei die Logik eines vernünftigen Dialogs «*dialektikē technē*». In dieser dialogischen Kunst entwickelt er unsere Fähigkeit, auf *inhaltsrelevante* Formen des *richtigen Redens und Argumentierens* zu achten. Dabei geraten immer mehr die Formen der Sprache in den Blick, wie sie auch schon der Herakliteer Kratylos thematisierte, wenn auch noch recht unvollkommen. Platon erkennt gegen die Rhetorik so genannter Sophisten, dass eingeschliffene Schemata des Urteilens und Folgerns in die Irre führen oder missbraucht werden können, wobei z. B. schon Parmenides auf das Prekäre der schematischen Unterstellung hingewiesen hatte, jeder Satz sei *wahr oder falsch*, ein Drittes gebe es nicht (‹*tertium non datur*›). Ein schönes Beispiel liefert die folgende Frage eines sophistischen Anwalts: «Hast du aufgehört, deine Frau zu schlagen, ja oder nein?» Solche «paradox» genannten Fälle gehen vorbei (*para*) an der normalen Meinung (*doxa*), man könne stets mit «ja» oder «nein» antworten. Der Befragte muss daher die Frage und damit das ‹Prinzip› des Neuen Testaments ‹Eure Rede sei Ja, Ja oder Nein, Nein› zurückweisen.

Viele rein syntaktisch wohlgebildeten Sätze erfüllen das Prinzip *Tertium non datur* nicht. Das heißt, es ist nicht so, dass sie *oder ihre Verneinung* (in jeder oder der relevanten Äußerungssituation) als *wahr* gelten können. Daher ist unbedingt zwischen einem bloß syntaktisch wohldefinierten *Satz* und einer semantisch wohldefinierten *Aussage* zu unterscheiden. Für Aussagen oder *Propositionen* muss also gelten, dass entweder sie selbst oder die negierte Aussage wahr ist. Ist das nicht der Fall, liegt ein Kategorienfehler vor. Solche Falschheiten nannte man früher *unendlich* falsch – Platon zeigt in seinem dem Parmenides gewidmeten Dialog viele Beispiele dafür. Es ist daher auch zu unterscheiden zwischen einem bloß *phatischen* Akt des reinen Sagens und einem schon *rhetischen* Akt des sinnvollen, gegebenenfalls behauptenden Aussagens, wie viel später John Longshaw Austin es nennen sollte. Aber schon Platons Dialektik erweist sich vor diesem Hintergrund als sinnkritische Reflexion auf Argumentationsschemata besonders des ‹indirekten Schließens›, also der ‹Begründung› einer Aussage durch Widerlegung des verneinten Satzes. So kann man z. B. aus der Falschheit des Satzes «Pegasus ist flügellos» nicht schließen, dass Pegasus Flügel hat und obendrein noch existiert.

2. Sprache als Thema einer philosophischen Anthropologie

Die Sprache als Thema einer philosophischen Anthropologie tritt bei Aristoteles in besonders prägnanter Form auf. Der Mensch ist, wie Aristoteles einen Gedanken Heraklits in einer Art gnomischem Orakel oder philosophischem Merksatz zusammenfasst, dasjenige animalische Wesen, das Sprache besitzt. Das Wort «Tier» wäre hier irreführend, da es als Übersetzung des Wortes «*bestia*» in klarem Kontrast steht zum Begriff des Menschen. In der lateinischen Formel des «*animal rationale*» als Übersetzung von «*zōon logon echōn*» ist außerdem der explizite Bezug auf die Sprache verloren gegangen. Denn das Wort «*ratio*» übersetzt nur einen Teil der Bedeutung von «*logos*», nämlich den Aspekt des *schematischen Rechnens*, etwa mit Zahlwörtern oder Ausdrücken von arithmetischen Proportionen (*logoi*). Über diesen Gebrauch in der Mathematik wird eine rationale Fähigkeit zur Fähigkeit der schematischen Formenreproduktion oder Formenerkennung, wie Kant sie unter dem Titel «Verstand» thematisiert. Eine lange wirkende Folge ist, dass Rationalität bis heute allzu schnell auf das Vermögen des exakten Regelfolgens gemäß schematischer Kalküle reduziert wird. Die Spannung zwischen Exaktheit und Strenge (Friedrich Kambartel) in unserem Sprachgebrauch wird dabei ebenso übersehen wie die schon von Sokrates hervorgehobene Tatsache, dass wir gut daran tun, Schemata immer kritisch zu gebrauchen.

Die Perspektive auf die Sprache wird also überall dort verengt, wo die Produktion und das Verstehen von Sprache beim Menschen nach dem Muster einer automatischen Sprachverarbeitung vorgestellt wird. Diese Großmetapher führte zu der von Chomsky propagierten kognitionstheoretischen Wende. Modelle der Computerlinguistik werden als Erklärungen der realen Sprachfähigkeit ausgegeben und anerkannt. Diesen automatentheoretischen Analogisierungen stehen sprachphilosophische Reflexionen gegenüber, wie sie von Heraklit zu Martin Heidegger und zum späten Wittgenstein führen. Hier greift man die Einsichten in die Rolle der Praxis des kooperativen Redens und Handelns von Platon und Aristoteles wieder auf. Logik wird nicht auf ein System rein schematischer Regeln des Definierens und Schließens reduziert, also auf eine ‹Logistik›, wie Heidegger dazu noch sagte.

Jedes formale Rechnen mit Ausdrucksformen hat nur Sinn in dem viel weiteren Bereich einer allgemeinen und inhaltlichen, nicht formalistischen *Logik der Rede* und des Verstehens, also des Aussagens, nicht bloß des schematischen Rechnens mit Ausdrücken und Sätzen. Die Logik des Aussagens heißt traditionell «Dialektik», da es um ein Sprechen und Argumentieren im Dialog geht. Sie bildet einen Kernbereich jeder *Philosophie* der Sprache im Kontrast zu einer *grammatischen Wissenschaft* von der Sprache als bloßem System von Ausdruckstypen, repräsentiert in einer phonematischen (*Buchstaben-*)*Schrift*, und im Kontrast zu einer formalen Logik des deduktiven Rechnens mit formalsprachlichen Ausdrücken (Wörtern, Sätzen) in der Mathematik.

Die Syntax als Lehre von den Bildungs- und Analyseformen von Ausdrücken qua Konfigurationen von Elementen, etwa Buchstaben oder Wörtern in Sätzen, im Ausgang von einer Analyse der relevanten Laute (Phoneme) und Wörter (bzw. Morpheme als semantisch relevanter Wortbestandteile) ist eine Angelegenheit der Linguistik. Das Wort «Semantik» steht dann nicht bloß für eine Lehre von den Bedeutungen der Ausdrücke in Sätzen und der Sätze in Texten, etwa im Blick auf allgemeine Differenzierungen und Inferenzen. Zur Bedeutungslehre gehören auch die typischen Unterscheidungen von Sprechhandlungen und den mit ihnen verbundenen verbalen und praktischen Folgerungen, zu denen allerlei Formen eines kooperativen *commitments*, d. h. der Selbstverpflichtung oder Verantwortungsübernahme des Sprechers, und der zugehörigen *entitlements*, d. h. der berechtigten Erwartungen oder Erlaubnisse der Angesprochenen, zählen. Die Typen des Gebrauchs von Ausdrücken in kommunikativen Situationen sind weit feiner gegliedert als die Ausdruckstypen. Dabei gibt es verschiedene Relationen der ‹Synonymie› oder Bedeutungsäquivalenz sowohl der Ausdrücke als auch ihrer Gebräuche. Bedeutungen können nur thematisch werden, indem wir semantische Äquivalenzen von Ausdrücken oder Gebrauchstypiken in Bedeutungsgleichheiten verwandeln und dann kommentarartig über solche Bedeutungen sprechen. Wir sagen etwa, dass die Bedeutung von «es regnet» und «*it rains*» dieselbe sei. Die Äquivalenz als praktische Ersetzbarkeit gilt natürlich nur für Sprecher und Hörer, die Deutsch *und* Englisch verstehen.

In der Rede über Bedeutungen, in der Semantik, reflektieren wir also auf Gebrauchstypiken von Ausdrücken oder das rechte Verstehen von typischen Gebräuchen. Das geschieht auf diversen Ebenen der Allgemeinheit. In der Sprachwissenschaft geht es dabei um weit Spezielleres als in der Sprachphilosophie, die sich für prinzipielle Formunterschiede interessiert. Nun hat man zwar unter dem Titel «*Pragmatik*» versucht, *Ausdrucksbedeutungen* von besonderen *Inhalten der Äußerungen* zu unterscheiden. Dabei gerieten immerhin die dialogischen oder andere kommunikative Interaktionen wieder in den Blick. Allerdings wurde das als bloße Anwendung der Ausdrucksbedeutungen fehlverstanden. Damit übersah man, dass die Sprechhandlungstypen ganz generell sinngebend sind und die schematischen Regeln des Rechnens mit Ausdrücken nur als Bestandteil von kooperativen Formen des Sprachgebrauchs Bedeutung, Wahrheit und Geltung erhalten. Äußerungen werden auch anders als sinn- bzw. inhaltsgleich bewertet als Ausdrücke bzw. Sätze. So ist z. B. der Inhalt meiner gestrigen Aussage «es regnet hier heute» unter passenden Umständen der gleiche wie der deiner heutigen Aussage «es regnete dort gestern».

Viele Debatten um die Begriffe ‹Sinn›, ‹Bedeutung›, ‹Inhalt›, ‹Form›, ‹Begriff›, ‹Proposition›, ‹Aussage› usf. lösen sich auf, wenn man die Funktion der entsprechenden Wörter als abstraktive Operatoren versteht. Für diese gibt es eine Vielfalt von möglicherweise relevanten Gleichwertigkeiten oder Gleichgültigkeiten. Jede derartige Äquivalenz kann zu einer kontextbezogenen Gleichheit führen. Indem wir über derartige Reflexionsgegenstände wie den Sinn eines Wortes, Satzes oder einer Rede sprechen, kommentieren wir sprachliche Formen im Gebrauch.

«Sprache» ist am Ende ein allgemeiner Titel für einen ganzen Bereich möglicher *Sprechhandlungen*, die ihrerseits nur im Zusammenhang geformter sprachlicher Kooperation zu verstehen sind. Die *Ausdrucks*formen, die Wörter und Sätze, sind nur ein besonders wichtiger Teil. Zwar liegt es nahe, mit Donald Davidson und anderen Sprachphilosophen zu sagen, dass es keine wohlbestimmte Gesamtheit gebe, die wir «Sprache» nennen könnten. Die scheinbare Vagheit des Wortes «Sprache» ist aber nur eine für viele verschiedene Kontexte offene Plastizität seiner Gebrauchsformen. Logik der Sprache ist damit Analyse der Formen des Sprechhandelns, nicht bloß eines regelartigen Operierens in einem fix bestimmten System von Ausdrucksfiguren.

3. Was ist eine wahre Sprache?

Viele soziale Tiere scheinen eine Art Sprache zu besitzen, von den Ameisen und Bienen bis zu den Delphinen und Hunden. Allerdings bestand schon Descartes (in der Nachfolge von Aristoteles) darauf, dass man zwischen uns Menschen und den Tieren zu unterscheiden hat. Nur der Mensch besitzt *echte Sprachfähigkeit* und beherrscht eine wahre Sprache. Tiere verwenden bestenfalls *Signale*. Diese Differenzierung hat zur Folge, dass in der Sprachphilosophie zwischen einer vollen Fähigkeit zur Sprache (*langage*) und der bloßen Verwendung von Signalen in einem rein koordinativen Sozialverhalten zu unterscheiden ist. Nicht die extensive Verwendung von *Lauten* macht den Unterschied aus, sondern die mit ihnen zusammenhängenden gemeinsamen Kooperations- und gemeinsam bewerteten Vollzugsformen. Dabei spielt die Produktion und Rekognition syntaktischer bzw. konfigurativer Formen eine wichtige Rolle, aber eben nur *neben* der Beherrschung von Formen des gemeinsamen Unterscheidens und Schließens.

Daher ist die Unterscheidung zwischen Signal, Zeichen, Wort, Satz und Aussage wichtig, also auch die zwischen einer höchst allgemeinen *Semiotik* als Lehre von *beliebigen Zeichen* und der *Semantik* einer Vollsprache. Letztere ist dann schon eine kommentierende Lehre zu generischen, d. h. in ihrer allgemeinen Spezifik von verschiedenen Personen reproduzierbaren und verstehbaren vollsprachlichen *Bedeutungen*. Dazu gehört erstens die Unterscheidung zwischen einem symbolischen Handeln und der Koordination von Verhalten durch Signale, zweitens die Differenzierung zwischen einer vollen Sprache und einer bloß schematischen Formalsprache, die sich rein automatisch verarbeiten lässt. Die mathematische Form schematischer Regeln des Umgangs mit Zeichenfolgen ist im Begriff der ‹Turingmaschine› bzw. der rekursiven Funktion expliziert.

Wie aber unterscheidet sich eine echte Sprache von einer solchen Formalsprache und wie von einem System ‹sozialen› Signalverhaltens etwa von Ameisen, Bienen, Elefanten oder Wildhunden? Die Frage überhaupt zu stellen, ist weit wichtiger, als sie im Detail zu beantworten, zumal dafür der Platz hier bei Weitem nicht ausreichen wird. Sie enthält die Frage nach den zentralen Formen des Sprechens, etwa um in ihm gemeinsam auf die empirische Welt Bezug zu nehmen. Dabei tun wir etwas ganz Besonderes, wenn wir uns *über* das Sprechen unterhalten, etwa über die Bedeutung von leicht erlernbaren Schematisierungen oder die Grenzen der Analogie zu exakten, von einem Automaten reproduzierbaren Regeln. Wir reden vernünftig nur dann, wenn wir angemessene schematische Formen des Differenzierens und Inferierens aus einer großen Menge möglicher bzw. naheliegender Unterscheidungen und Schlüsse mit erfahrener Urteilskraft auswählen und gebrauchen, wobei die Sprecher die Verstehensfähigkeiten der Hörer und die Hörer die Ausdrucksprobleme der Sprecher jeweils konkret zu berücksichtigen haben. Die Vorstellung von einer personenunabhängigen Abbildung von Welt durch Ausdrücke ist schon daher naiv. Formale logische Regeln geben uns immer nur grobe Orientierungen für ein freies Handeln an die Hand, und das sogar in dem Fall, in dem wir mathematische Schemata auf die reale Welt anwenden wollen.

Untersuchungen einer empirischen *differentiellen Anthropologie*, wie sie besonders von Michael Tomasello und seiner Arbeitsgruppe vorangetrieben werden, zeigen und bestätigen, dass es die besondere Form der Kooperation der Menschen ist, welche eine besondere Form der Kommunikation in einer ‹wahren Sprache› allererst ermöglicht. Das *animal veraloquens* des Descartes ist daher ein *besonderes animal socialis*, wie man in einer ersten Näherung sagen könnte. Eine erste Antwort auf die Frage nach dem Unterschied einer *wirklichen* Sprache etwa zu den chemischen Signalen von Ameisen oder der ‹Sprache› von Delphinen führt damit zurück zur platonischen Praxis des *Zeigens*, der demonstrativen Erzeugung eines *gemeinsamen* Weltbezugs. Dabei ist es kein Zufall, dass die Wörter «sagen» und «zeigen» wie etwa auch das lateinische «*dicere*» und das griechisch «*deiknymi*» auf denselben morphologischen Wortstamm zurückgehen. Sogar das griechische Wort «*phrazein*» kann «sagen» und «zeigen» bedeuten. Daher stimmt auch der spätere Wittgenstein mit Heidegger in der Grundeinsicht jeder philosophischen Phänomenologie überein, dass wir in der Sprache Zeigbares sozusagen *ins Wort rufen*, dass das *Zeigen* die Grundlage des *Sagens* ist.

Systematisch wird diese phänomenologisch-hermeneutische Einsicht in die *reale* Fundierung sprachlicher Bedeutung durch einen *gemeinsamen demonstrativen Weltbezug* bei Gareth Evans und John McDowell, wie zuvor schon bei Wilhelm Kamlah und Paul Lorenzen, entwickelt. Das geschieht in Absetzung von jedem Sinnesdatenempirismus (etwa bei Alfred J. Ayer oder dem frühen Rudolf Carnap) und jedem Physikalismus (etwa bei Otto Neurath oder Willard Van Orman Quine): Jede sprachliche Referenz, jede Nennung und Benennung und damit auch jede Aussage fußt auf demonstrativen Weltbezügen. Schon bei Platon stand diese Einsicht unter dem Titel der «*epagogē*», der *deiktischen Hinführung* zu einem gemeinsamen Verstehen. Wo dieses Verstehen regelmäßig glückt, sprechen wir von einem vernünftigen Verständnis.

Andere Vorstellungen von der Sonderstellung des Menschen in der Welt weisen darauf hin, dass nur der Mensch als *homo faber* seine Lebensmittel und Werkzeuge selbst herstelle (Karl Marx), dass nur der Mensch als *homo ridens* lachen könne (Lenz Prütting) oder dass nur der Mensch als *homo ludens* in besonderer Weise spiele (Johan Huizinga). Sofort tritt dann aber wieder die Frage auf, wie sich das menschliche Herstellen von den hochkomplexen ‹Techniken› etwa sozialer Insekten unterscheide, das Lachen von analogen Grimassen bei Primaten oder das menschliche Spiel vom Spielen anderer Tiere. Hierauf freilich liegt es nahe zu antworten, dass das Besondere der sozialen (oder besser kooperativen) Spiele der Menschen darin besteht, dass wir *personale Rollen* übernehmen und uns gegenseitig daraufhin kontrollieren können, ob wir noch richtig mitmachen. Das kleine Wort «richtig» steht hier für alle Arten von

Normen oder Normativitäten, unter denen das Wahre und das Gute nur zwei Teilaspekte oder Momente hervorheben. Gerade in der gemeinsamen Beurteilung des Richtigen spielt der Gebrauch dieser Bewertungswörter, beginnend mit einem einfach zustimmenden Laut wie «Ja» und einer Zurückweisung wie «Nein», eine zentrale Rolle, und das schon vor der vollen sprachlichen Artikulation sowohl von verschiedenen Spieltypen als auch von Spielregeln. Das Richtige im kooperativ kontrollierten Tun lässt sich zur Not zunächst bloß *zeigen* und durch Vor- und Nachmachen *einüben*. In komplexeren Spielen wird man dann freilich auch die verschiedenen Spielzüge und Rollen in den Spielen *benennen* und dann sogar in Teilmomenten *beschreiben* müssen, um ein hinreichend gemeinsames Verständnis dessen zu erzeugen, wie zu spielen ist.

Das *Lachen* hingegen ergibt sich als eine selbst schon sozial eingeübte oder wenigstens sozial überformte Reaktion auf Überraschungen der Art, dass ein ansonsten normaler Vollzug missglückt. Man reagiert so auf harmlose Fehler oder auf komplexere, besonders auf absichtliche Normbrüche. Wir lachen, wenn jemand bewusst und kalkuliert *aus der Rolle* fällt und uns im falschen Tun auf das Richtige aufmerken lässt. Wir reagieren mit Lachen auf Fehler im Humor und auf Absurditäten in der Ironie – sofern uns das Lachen nicht, wie man sagt, im Halse stecken bleibt, etwa wenn etwas so unerträglich wird, dass man sich nicht mehr lachend distanzieren kann. Dabei ist die Distanz immer schon Teilmoment des Lachens. Es gibt keinen Witz ohne eine gewisse *Verneinung*, dessen beißende und manchmal auch schon bösartigere Variante der Sarkasmus ist, deren freundlichere und friedlichere Form wir als Satire kennen.

Schon die Besonderheit der menschlichen Fähigkeit des vorausplanenden instrumentellen Handelns, des Überlegens von Handlungsformen und des Fassens von Handlungszwecken liegt offenbar darin, dass die Handlungspläne, bestehend aus möglichen Handlungszielen und -wegen, *sprachlich* oder *bildlich* entworfen und im nötigen Fall bis zu einem gewissen Grad *explizit artikulierbar*, also allgemein *benennbar* oder sogar schon partiell *beschreibbar*, sein müssen. Derartige Vorentwürfe mögen uns zunächst passiv einfallen und dabei etwa durch eine Wahrnehmung mitbedingt sein. Aber wenn wir sie in möglichen Vorsätzen ausmalen, bewerten, als Absichten fassen und dann tätig ausführen (oder dies auch nur versuchen), dann reagieren wir nicht einfach auf die präsentische Gesamtsituation, die uns sinnlich zugänglich ist. Schon im Wahrnehmungsurteil fügen wir der Wahrnehmung das spontane Probehandeln der lauten oder leisen Bestimmung des wahrgenommenen Gegenstandes hinzu. In der Handlungsplanung nennen oder beschreiben wir Ziele und Wege, Zwecke und Handlungsformen, laut oder leise. Gerade auch das bildliche Vorstellen, das Imaginieren, ist ein leises Handeln. Das alles führt uns wieder zurück zur Frage nach der Besonderheit der menschlichen Sprache für das unterscheidende Anschauen, das planende Denken und das konsequente Handeln. Dabei kann dies alles durchaus im Zusammenhang bildlicher Vorstellungen oder Imaginationen geschehen.

Nach dem Gesagten sollte klar sein, dass jede wissenschaftliche Anthropologie nicht bloß auf die Gleichheiten und Analogien in den Seinsweisen und Lebensformen von Tieren und Menschen blicken darf, sondern auch *begrifflich differentielle Anthropologie* sein muss. Sprachphilosophie als Methode der Entwicklung kanonischer Unterscheidungen über alle kolloquialen Ambiguitäten und metaphorisch-analogischen Identifizierungen in vagen ‹Intuitionen› hinaus ist hier eine unabdingbare Voraussetzung, zumal alle empirischen Aussagen längst schon inferentiell dicht sind. Für ein klares Verständnis des Inhaltsverstehens bedarf es einer hinreichend strengen Disambiguierung unseres Sprachgebrauchs. Denn rein kolloquial, ohne wissenschaftssprachliche Präzisierungen und Normierungen, sprechen oder schreiben wir Wahrnehmungen, Wissen und Kenntnisse Menschen *und* Tieren zu, und zwar aufgrund gewisser Ähnlichkeiten im individuellen und sozialen Verhalten. Dasselbe gilt für das Wort «Sprache», etwa in der Rede von Tiersprachen oder auch von Körpersprachen oder Gebärdensprachen. Dabei wird nicht immer streng genug zwischen einem kanonischen, vollen Begriff von Sprache und einer metaphorischen, inferentiell ausgedünnten Verwendung des Wortes unterschieden, auch nicht zwischen einer bloßen *Zuschreibung* eines Vermögens und dem *Haben* dieses Vermögens oder zwischen der bloßen Zuschreibung eines Verstehens oder Begreifens und dem Verstehen und Begreifen selbst.

Es gilt hier und überhaupt zu verstehen, was wir tun, wenn wir kanonische (‹wörtliche›) Redeformen metaphorisch oder figurativ ‹ausweiten›. Erst in einer wissenschaftlich kanonisierten Rede lassen sich Differenzen explizit machen, die schon verschluckt sind, wenn wir etwa rein analogisch davon sprechen, dass eine Katze ‹einen Begriff› von einer Maus oder einem Vogel habe. Dass diese Rede analogisch zu verstehen ist, ist nicht etwa eine Behauptung, eine streitbare bzw. umstrittene These. Es handelt sich um eine bloße Feststellung, freilich nur, wenn man die Technik der Unterscheidung zwischen einem kanonischen und einem metaphorischen Gebrauch von Worten kennt und begreift, also die Unterscheidung zwischen einem typischen Standardfall und einer freien Übertragung von bloß einigen seiner Teilmomente in einer analogischen Verwendung. Sich vorzustellen, eine Katze produziere willkürlich ein Bild von einer tanzenden Maus im Kopf, wie wir dies in Comics dargestellt sehen, ähnelt sehr der Vorstellung von einer Nymphe im Baum. Denn reine Möglichkeiten sind nicht ohne die Fähigkeit symbolischer Repräsentationen zugänglich. Zuzugeben ist nur, dass auch Tiere rudimentäre bildliche Vorstellungen und Träume haben und sich in einer zeitlich und räumlich in gewisser Weise ausgedehnten Gegenwart orientieren können.

Menschen aber operieren mit Kanonisierungen von präsentischen Unterscheidungen. Diese können implizit gelernt sein oder in expliziten Artikulationen tradiert und diskutiert werden. Im Bereich des Sensuellen teilen wir dabei ein rein *qualitatives Bewusstsein* bloßer Spürungen in gewisser Weise mit den Tieren. Ein Tier mag Angst haben. Aber es kann sich nicht vor etwas in der (ferneren) Zukunft fürchten. Eine Kognitionspsychologie des Mentalen, eines bloßen *Protobewusstseins* der Wachheit oder Vigilanz, des Gewahrseins, der Aufmerksamkeit bewegt sich immer bloß erst im Vorhof der genuin geistigen Fähigkeiten. Diese bestehen in der Teilnahme an einem zeitübergreifenden Wissen, wie es vorzugsweise sprachlich artikuliert wird. Eine volle *Philosophie des Geistes* ist daher ohne *Philosophie der Sprache* gar nicht möglich, erst recht nicht ohne eine strenge Differenzierung der vielen verschiedenen Gebräuche des mentalen Vokabulars. Besonders wichtig sind dabei die nicht metaphorisch verdünnten Wörter «bewusst», «selbstbewusst» und «Bewusstsein».

4. Denken, Vorstellen und Sprechen

Jeder kennt Rodins Denker. Das Kinn auf die Faust gestützt, sinnt er über etwas nach. Er verfolgt still einen Gedanken. Vielleicht plant er, etwas zu tun oder zu sagen. Aber man kann ihm nicht eigentlich ansehen, dass er sprechen können muss, um denken zu können. Wir denken zumeist sogar, dass das vorstellende Denken unmittelbarer sei als das Sprechen. Müssen wir nicht erst denken, um dann zu sprechen? Und wir glauben, dass das Haben einer Überzeugung eine Art innerer, dispositioneller Zustand sei. Die Reihenfolge kehrt sich aber schnell um, wenn und soweit wir das stille Denken als *leise Planung* einer möglichen, also auch noch unterlassbaren *Sprechhandlung* begreifen. Das *Sprechplanen* ist in der Tat ein interessanter Fall, und zwar weil man in ihm, wie beim Entwurf einer langen Rede, möglicherweise gar nicht mit ganzen Sätzen operiert, eher mit Stich- und Schlagwörtern oder auch einer bildlichen Vorstellung, die man dann beschreibend ausmalt. Wie sich aber das Glauben zur *Zuschreibung* eines Glaubenszustandes verhält, ist offen und schwierig.

Sprechen beginnt mit zum Teil noch ganz einfachen *Nennungen*. Am Anfang stehen vielleicht ganz primitive, den Signalen der Tiere womöglich durchaus eng verwandte *Einwortsätze* (Quine) wie: «Mama!», auch «Aua!», «Wauwau!» oder «miau!». Diese werden erst ‹später› ausdifferenziert zu *Titelwörtern* wie «Hund» oder «Katze» und viel später zu *Begriffswörtern* in vollen Aussagen wie: «Das ist eine Katze», oder zu *Eigennamen* (als Satzteile) wie in: «Hier kommt *Mama*.» Syntaktisch ausformulierte ganze Sätze stehen sowohl in der Phylogenese der Sprache, also ihrer allgemeinen Entwicklung, als auch in der Ontogenese der Sprachfähigkeit, also im individuellen Spracherwerb, und sogar im konkreten Prozess der Artikulation von Sätzen und Aussagen erst am Ende. Sie setzen die Evolution grammatischer Ausdifferenzierungen voraus.

Diese Skizze mag schon dazu beitragen, die teils mystische, teils krude ‹materialistische› Vorstellung zu überwinden, es gäbe eine *besondere Sprache des Denkens* im Gehirn (eine *language of thought*, wie Jerry Fodor sagt), die jeder von uns erst noch in eine Lautsprache übersetzen müsste. Diese Vorstellung stammt zum Teil aus der naiven Vorstellung, wir würden innerlich denken und äußerlich sprechen, zum Teil aus einem Computermodell, in welchem es verschiedene Ebenen von Maschinen- und Oberflächensprachen gibt. Dabei ist durchaus richtig, dass wir bei der Verfertigung der Gedanken beim Reden (Heinrich von Kleist), also bei der Sprechplanung, zunächst nicht immer gleich einen ganzen Satz vorab leise im Kopf produzieren, bevor wir ihn am Ende laut artikulieren. Auch hier operieren wir eher mit Titelwörtern – so wie Descartes einmal sagte, er müsse nur die Überschriften von Büchern kennen, um sich den wahrscheinlichen Inhalt selbst herzuleiten. Ebenso sind alle Handlungen, gerade auch Sprechhandlungen, in sich reflektiert. Das heißt, in der Regel gibt es die Möglichkeit, die Handlung durch einen sie in ihrer allgemeinen Form bestimmenden Titel oder erläuternden Kommentar zu begleiten. Dies ist oft schon möglich, bevor man an die äußere und längere Ausführung der Handlung geht.

Das Sprechplanen ist also bei genauer Betrachtung seiner allgemeinen Form weder zirkulär noch mysteriös. Es ist kein reines Ereignis. Es wird nicht produziert durch zufällige Gehirnströme und auch nicht einfach hervorgebracht durch Glaubenszustände. Das *spontane* Reden ist vielmehr, wie jedes andere freie Handeln auch, eine prekäre ‹Mischung› zwischen *rezeptiver Reaktion*, Gewohnheit, Einfall, Imagination und *aktiver Produktion*. Auch ein *partiell automatisiertes Normalfallbenehmen* und eine *bewusste Übernahme von Verpflichtungen* spielen eine Rolle im Rahmen einer normativ vorgeregelten kommunikativen und kooperativen Praxis. Der Philosophie, gerade auch der Sprachphilosophie, geht es dabei nur um eine allgemeine begriffliche Geographie, nicht um eine besondere begriffsbestimmende und strukturelle oder modellierende Theorie, schon gar nicht um effizienzkausale Erklärungen.

Um einen Sprechakt planen zu können, muss ich schon praktisch wissen, was es heißt, eine entsprechende kooperative *Sprechhandlungsform* zu aktualisieren. Erst dann kann ich überlegen und mich dafür entscheiden, die mögliche Handlung auszuführen oder sie zu unterlassen. Ich kann z. B. leise darüber nachdenken, ob ich meinem Freund versprechen soll, ihm morgen beim Umzug zu helfen. Ich kann dann das Versprechen auf ganz einfache Weise geben. Dazu muss ich vielleicht nur etwas sagen wie: «Ich komme», oder vielleicht bloß: «Ja.» Auch ein Nicken könnte reichen, nachdem der Freund bittend gefragt hat: «Kommst du?» Danach bin ich verpflichtet, das Versprochene zu tun, eben aufgrund meiner *Selbstverpflichtung* in einer *Rollenübernahme*, dem *undertaking* eines *commitment*. Den bloßen *Satz* «Ich verspreche zu kommen» als *Phem* (J. L. Austin), d. h. als bloß phonetische Aktform, könnte auch ein Papagei leicht nachplappern, oder er könnte elektronisch reproduzierbar sein, nachdem er irgendwie gespeichert wurde.

Die ‹Vorstellungen›, die unser Tun begleiten, können dann auch ganze Szenarien betreffen und scheinen daher allgemeiner zu sein als das stille Reden mit sich selbst. So stellt sich ein Maler ein Gemälde, ein Bildhauer die Formgestalt seiner Figur oder ein Musiker ein Musikstück weitgehend sprachfrei vor. Dabei wird der Musiker aber zumeist *auch* mit einer Notenschrift arbeiten und sich diese parallel zum Klangbild vorstellen – wenigstens sofern das Stück hinreichend komplex ist. Die lineare, inzwischen zweidimensionale Notation von Musik, deren Möglichkeit die Pythagoräer erfunden haben, ist Voraussetzung für komplexe Musik und reproduzierbare musikalische Formen. Die Lautsprache hat dabei wie die Musik eine zeitliche Ordnung. Ihrer Linearität entspricht die Folge der Phoneme, Silben und Wörter, die man aufschreiben und lesen kann. Lautsprachliche Formen sind extrem leicht und ohne weitere Instrumente zu produzieren oder zu reproduzieren. Wir brauchen dazu nur die eigene Zunge und Stimme, kein Papier und Werkzeug wie für die Schrift oder die Malerei. Dabei lernen wir, leise zu denken, wie wir lernen, leise zu lesen. Hier bewegen wir unsere Zunge schon ein wenig, wenn wir in stiller Probe mögliche Äußerungen durchspielen. Wörter für Sprache wie das griechische «*glossa*», das lateinische «*lingua*» und das deutsche Wort «Zunge» stehen daher für die Sprache im Sinne des Vermögens zu sprechen. Wenn geschrieben steht, dass an Pfingsten die Apostel mit fremden *Zungen* redeten, so ist nicht ein tranceartiger Sprechgesang einer Pfingstgemeinde gemeint, sondern der Beginn christlicher Mission in anderen Sprachen als den Dialekten Galiläas und Judäas, besonders auf Griechisch.

Das Wort «*logos*» steht für das Auseinanderlegen von Gedanken, Sätzen und Wörtern. Zur Frage, ob *jedes* vorstellende Denken sprachlich vermittelt sei, braucht nun gar nicht geleugnet zu werden, dass man sich auch Bilder oder ganze Szenen des Ablaufs von Prozessen, die man als solche anschauen kann, in der Erinnerung wieder aufrufen oder auf der Grundlage der Einbildungskraft tätig vorstellen kann. Die Bilder kann man dann aber kommentarartig bestimmen oder beschreiben. Dabei gibt es eine kanonische Sprachregel, nach welcher nur *sinnvolle* laute oder leise Sprechhandlungen einen *Gedanken* darstellen oder artikulieren können. Gedanken können also aus ‹analytischen› Gründen nicht sinnlos oder in sich widersprüchlich sein. Das aber heißt keineswegs, es gäbe irgendwo Gedanken, die wir fassen, indem wir sie sprachlich bloß *abbilden*.

5. Wahrnehmung und Urteile

Eine Wahrnehmung *von etwas als etwas* unterscheidet sich von einem bloß perzeptionellen Gewahrsein wesentlich dadurch, dass man *zeigen* und *sagen* kann, *was es ist*, etwa auch, dass der wahrgenommene Gegenstand g eine bestimmte Eigenschaft A hat bzw. in eine bestimmte Teilklasse von Gegenständen eines unterstellten Gegenstandsbereiches gehört. Das bedeutet zugleich, dass sich ein Wahrnehmungsurteil auf die Wahrnehmung stützen kann und eine bewusste Wahrnehmung zu mindestens einem Wahrnehmungsurteil führt.

Wir *erschließen* dabei eine Aussage nur in solchen Fällen, in denen uns die Wahrheit oder Geltung der erschlossenen Aussage nicht schon unmittelbar(er) gegeben ist. Wenn ich meinen Freund Peter treffe, erschließe ich normalerweise nicht, dass die Person Peter ist, es sei denn, wir haben uns lange nicht gesehen oder er hat sich stark verändert und ich muss aus seiner Stimme oder einem anderen Anzeichen wirklich darauf schließen, dass er es ist. Natürlich *schematisieren* wir auch solche Schlüsse dann sofort wieder, so dass der Arzt beim Ultraschall im Normalfall, wie wir sagen, den Embryo selbst sieht und nicht etwa bloß auf ihn schließt, auch wenn es hier Irrtümer geben kann und wir zu Korrekturaussagen unsere Zuflucht nehmen müssen. Man denke etwa an eine falsche Prognose von Zwillingen. Wir sagen dann etwa: «Es schien ihm bloß so, als hätte er einen zweiten Embryo gesehen.»

Um den Kontrast zwischen animalischen Perzeptionen und vollen menschlichen Wahrnehmungen auch terminologisch prägnant auszudrücken, könnte man zu einem sich aus der Philosophie von Leibniz und Kant ergebenden Differenzierungsvorschlag greifen, nach welchem eine volle menschliche Wahrnehmung eine *apperzeptive Anschauung* eines dinglichen Gegenstandes ist, und zwar in seiner *raumzeitlichen Situiertheit* von hier und jetzt her. Das Wort «apperzeptiv» bedeutet dabei, dass zum Wahrnehmen eine begriffliche Unterscheidung hinzukommt.

Wenn wir auf unser menschliches Erkennen tief genug reflektieren, erkennen wir, dass Sprache immer im Hintergrund steht. Nur über sie gibt es die Möglichkeit der begrifflichen Fassung von *Bestimmungen*. Diese sind durch Worte artikulierte gemeinsame, daher zumindest partiell gemeinsam überprüfbare Unterscheidungen. Das Wichtige an der sprachlichen Fassung ist ihre beliebige und leichte Reproduzierbarkeit. Dadurch sind uns die Inhalte und Möglichkeiten nicht passiv gegeben, sondern werden spontan hervorgebracht. An die Worte sind neben kriterialen Unterscheidungen oder Erfüllungsbedingungen außerdem gewisse Normalfallinferenzen oder dispositionelle Erwartungen geknüpft. Sagt mir etwa mein Freund, dass sich dort hinten ein Tiger befindet, werde ich angesichts der Gefahr vorsichtig agieren.

Menschliche Wahrnehmung ist also immer schon begrifflich informiert (Terry Pinkard, John McDowell). Als solche ist sie auf die eine oder andere Weise sprachlich vermittelt. Zur genauen Charakterisierung dieser Vermittlung hat der Humanpsychologe und phänomenologische Sprachwissenschaftler Karl Bühler in den 1930er Jahren ein neues Adjektiv, das Wort «*empraktisch*», eingeführt. Es drückt aus, dass die Formen und Normen des richtigen Urteilens und Handelns zunächst keineswegs nach Art expliziter Regeln oder Aufforderungen befolgt werden. Sie orientieren unsere Ausübungen vielmehr über eine immer bloß partiell kontrollierte Gewohnheit. Die Fähigkeit, Formen handelnd zu reproduzieren und verstehend wiederzuerkennen, besitzen wir, wie auch Gilbert Ryle gewissermaßen in Übernahme von Überlegungen Heideggers sagt, zunächst als Know-how, als praktisches Wissen, *wie etwas zu tun* ist. Es handelt sich um *Vollzugsformen*, die wir empraktisch kennen. Sie machen einen Akt allererst als Aktualisierung einer im Normalfall mehr oder weniger richtig reproduzierbaren Form handelnden Tuns verstehbar. Eine solche Vollzugsform ist daher von Formen als *abstrakten Redegegenständen* in reflektierenden Sprachkontexten zu unterscheiden. Ich spreche im zweiten Fall auch von *Bezugs-* und *Reflexionsformen*. Eine Bedeutung ist eine Reflexionsform, der ein generischer Gebrauch als Vollzugsform korrespondiert – so dass uns Wittgenstein dazu rät, nicht nach der Bedeutung, sondern dem Gebrauch zu schauen.

Vollzugsformen des Handelns beherrschen wir empraktisch und nicht, wie reine Verhaltensschemata, bloß enaktiv im Sinne von Alva Noë, der sich auf ein mit der Perzeption dispositionell verbundenes Verhalten (*action in perception*) bezieht. Das heißt, dass die Richtigkeit der Formen- oder Normenerfüllung im Fall empraktischer Vollzugsformen sowohl von mir als auch von uns kontrolliert und wertend beurteilt wird. Die Erfolge enaktiver Verhaltensformen zeigen sich bestenfalls in der Befriedigung subjektiver Begehrungen wie im Fall der Sättigung oder der Stillung von Durst. Es gibt sie auch in der geglückten Vermeidung von Unlust, Schmerz, Verwundung oder Tod. Ein ‹richtiges Verhalten› etwa auch eines Tieres in Reaktion auf eine sinnlich perzipierte Umwelt ist also unbedingt zu unterscheiden von einem richtigen *Handeln*. Letzteres ist tätige Reaktion etwa auf eine Wahrnehmung mit zugehörigem Wahrnehmungsurteil vor dem Hintergrund von Absichten.

Jedes Handeln setzt Formen und Normen des Handelns einerseits und Sprache andererseits voraus. Jedes Sprechhandeln setzt ein Handelnkönnen und dieses eine gewisse Fähigkeit zum Sprechhandeln voraus. Das scheint auf einen Erklärungszirkel hinauszulaufen. Doch dies ist nur ein verbaler, kein realer Zirkel. Man spricht dabei von einer hermeneutischen oder geschichtlichen *Spirale* der geistigen Fähigkeiten des Menschen. Die geistigen Kompetenzen oder rationalen Vermögen sind Fähigkeiten der kontrollierten Reproduktion und Rekognition von aufeinander aufbauenden Formen des Denkens, Sprechens, Urteilens und Handelns.

II. Die sprachlogische Wende in Freges Philosophie der Mathematik

1. Das Synthetische und Apriorische mathematischer Sätze

Die moderne Sprachphilosophie beginnt nach der üblich gewordenen Meistererzählung mit Freges Arbeiten zur mathematischen Logik. Die ihm zugeschriebene linguistische Wende im Philosophieren ist zunächst eine formallogische oder logizistische Wende. Als solche ist sie allerdings für die Sprachphilosophie des 20. Jahrhunderts absolut zentral. Das ist sie insbesondere deswegen, weil sie erstens die Schemata der Definition von aussagen- und quantorenlogisch komplexen Prädikaten und zweitens die formalanalytischen Folgerungen aus solchen Definitionen klar darlegt. Daraus ergibt sich eine Präzisierung des Begriffs des *analytischen Satzes*. Solche Sätze sind wahr nur aufgrund von konventionellen Regeln im rechnenden Umgang mit Zeichen und Wörtern. Frege möchte dabei nachweisen, dass die wahren arithmetischen Sätze in diesem Sinn analytisch wahr seien. Analytische Sätze artikulieren demnach rein konventionell durch verbale Regeln in Geltung gesetzte Schlussformen.

Kant hatte den logischen Status der arithmetischen Sätze als *synthetisch a priori* bezeichnet. Das Wort *«synthetisch»* ist dabei äquivalent zu *«nicht-analytisch»*. Ein Satz gilt in Kants Sinn a priori genau dann, wenn sein Geltungsgrund nicht rein empirisch ist. Empirische Aussagen gelten immer nur a posteriori, d. h. *historisch* bzw. *indexikalisch*, wie z. B. der Satz: «Das da vor mir ist ein Stuhl.» Frege stimmt Kant zu, dass die basalen Prinzipien der Geometrie und der physikalischen Kinematik nicht als bloß empirische bzw. deskriptive Sätze über beobachtete Figuren und Bewegungen a posteriori und auch nicht bloß analytisch wahr sind, also nicht aus rein definitorischen Festsetzungen des deduktiven Gebrauchs von Zeichen und Wörtern folgen. Die Sätze der Arithmetik aber seien analytisch, also nicht synthetisch. Der spätere logische Empirismus und die ihm weitgehend folgende analytische Philosophie des 20. Jahrhunderts nach Carnap vertreten die Ansicht, es gebe überhaupt keine apriorischen Sätze, Urteile oder Schlüsse, die nicht bloß analytisch seien. Quine meint sogar in seiner Kritik an Carnap, dass es gar keine klare Unterscheidung zwischen synthetischen und analytischen bzw. zwischen empirischen und apriorischen Sätzen gebe. Doch selbst wenn es Grenzfälle gibt, könnte die Unterscheidung zwischen dem Empirischen, Analytischen und Begrifflichen dennoch allgemein bedeutsam sein.

Typische empirische Aussagen sind *historische* Aussagen etwa der Art: «Gestern hat es hier geregnet.» Hinzu kommen *präsentische Konstatierungen* der Art «Es regnet hier gerade», ferner auch *prognostische Einzel- oder Allaussagen* wie «Morgen wird es regnen» oder «Auf allen Jahrmärkten regnet es». Man weiß in diesen Fällen erst im Nachhinein, *a posteriori*, ob die Aussagen wahr sind. Empirie ist daher im Wesentlichen Historie. Sie steht damit in einem wichtigen Kontrast zu dem, was wir in Theorien ausdrücken. Theoretische Aussagen sind nämlich *zeit-*

allgemein und *situationstranszendent*. Sie artikulieren generische Differenzkriterien und Inferenzerlaubnisse. Man denke etwa an die ‹theoretische› Aussage, dass Wasser bei 0 Grad gefriert und bei 100 Grad verdampft. Diese gilt ‹im Allgemeinen› und hat bekannte ‹Ausnahmen›.

Kants Frage nach den synthetischen Sätzen a priori ist also ganz allgemein als Frage nach dem Status theoretischer Sätze auf verschiedenen Ebenen der Allgemeinheit zu rekonstruieren. Apriorisch gesetzt im Sinne Kants sind neben den Artikulationen strukturlogischer Deduktionsregeln alle theoretischen Sätze, wie die einer mathematischen Geometrie oder einer reinen Bewegungslehre. Deren Setzung ist offenbar nicht willkürlich, sondern von uns gemeinsam sehr gut angepasst an ein immer wieder beobachtbares Bewegungsverhalten. Ein Satz, der nach Kant offenbar nicht bloß empirisch bzw. a posteriori gilt, aber auch keine bloß logische Folgerung aus rein konventionellen Definitionen ist, ist z. B. schon der geometrische Satz: «Die Summe der drei Winkel im Dreieck ist das Doppelte der Größe des rechten Winkels.» Denn empirische Messungen reichen nie aus, um die Allgemeinheit dieses Satzes der Euklidischen Geometrie zu ‹begründen› oder zu ‹widerlegen›. Andererseits kann man nicht willkürlich, rein verbal oder formal definieren, dass die Winkelsumme weder größer noch kleiner als 180 Grad sein solle. In ebendiesem Sinn ist der Satz nicht formal analytisch, sondern, wie ich sagen möchte, materialbegrifflich wahr. Damit ist freilich die Frage nach dem Status und der Funktion des Winkelsummensatzes noch nicht beantwortet, zumal er in gewissem Sinn äquivalent ist zum umstrittenen Parallelenaxiom. Was aber heißt es überhaupt, wenn man heute überall liest, dieses Axiom gelte nicht im empirischen Raum? Warum ist der Streit um den logischen Status des synthetischen Apriori für eine Philosophie der Sprache und des Wissens überhaupt so wichtig? Die Fragen sind hier erst einmal bloß zu stellen, also die Probleme zu nennen, um zu sehen, warum eine sprachanalytische Philosophie für das Verständnis von Wissenschaften wie Mathematik oder Physik relevant werden kann.

2. Mystifizierung und Entmythisierung mathematischen Denkens

Freges Analyse der Sprache der Arithmetik beginnt mit zum Teil wunderbar scharfsinnigen Kritiken an den üblichen Selbstkommentaren von Mathematikern zu ihrem Denken und Tun bzw. zu den Gegenständen und Wahrheiten ihrer Wissenschaft. Seine Kritik richtet sich zunächst gegen die Verwechslung von *Zahlen* mit *Zeichen* oder von *abstrakten Gegenständen* wie etwa auch den Mengen mit ihren *Ausdrücken*. Sie wendet sich aber auch schon gegen einen naiven Platonismus, der nicht klärt, wie denn die Rede über abstrakte Gegenstände konstituiert ist und wie sie überhaupt möglich wird. Abstrakte Gegenstände sind immer nur über ihre Repräsentation gegeben, man kann sie selbst nicht wahrnehmen.

Zunächst ist daran zu erinnern, dass gerade mathematische Wahrheiten traditionell dafür herangezogen werden, die Besonderheit menschlichen Wissens gegenüber einem bloß empirischen, präsentischen Kennen aufzuweisen. Wir scheinen in der Mathematik etwas über Unendlichkeiten zu wissen, z. B. über alle Zahlen, oder seit Georg Cantor, dem Begründer der modernen transfiniten Mengentheorie, sogar über überabzählbare Mengen wie zum Beispiel die Menge aller reellen Zahlen bzw. aller konvergenten Folgen rationaler Zahlen oder aller unendlichen Dezimalbrüche.

Dabei gibt es verfehlte Ideen vom ‹Endlichen› oder ‹Finiten›, etwa in der Vorstellung, die Logik des mathematischen ‹Schließens› sei reduzierbar auf ein Rechnen mit Kalkülen, wie es auch Automaten können. Doch wir tun gut daran, die formalen Schemata bloß als allgemeine Anleitungen zur Orientierung eines freien kooperativen Handelns anzusehen. Nur wer das kann, kann denken. Computer können nicht denken, gerade weil ihre Schemata der Informationsverarbeitung fest verdrahtet sind. Wer ein GPS rein schematisch gebraucht und dabei in einen Fluss fährt, ist selbst schuld. Die gesamte IT-Technik ist am Ende nur ein komplexes technisches Hilfsmittel. Das gilt insbesondere für alle von uns hergestellten Roboter.

3. Wahrheitswertlogische Definitionslehre für sortale Bereiche

In seinem Versuch zu beweisen, dass die Sätze der Arithmetik analytisch sind, fokussiert Frege zunächst auf die Definition komplexer Prädikate. Wichtig ist dafür als Erstes die Herausstellung einer Klasse *logisch basaler* Prädikate, Relationen bzw. Sätze. Wir betrachten dazu folgende Satzformen in den natürlichen Zahlen:

$n<m$, $n+m=k$ und $n \cdot m=k$

Auf der Grundlage elementarer Prädikate werden logisch komplexe Prädikate definiert, wobei wir die ‹Konstanten› m, n als variable Vertreter für beliebige, aber feste Zahlnamen betrachten. Dabei liefern die natürlichen Zahlen ein Standardbeispiel für einen abstrakten Gegenstandsbereich G. An ihm lässt sich die ‹Konstitution› der Gegenstände im Kontext von Systemen von Sätzen und deren Wahrheitsbewertung schön zeigen. Ein *sortaler Gegenstandsbereich* G ist dabei ganz allgemein konstituiert durch eine Bestimmung dessen, was alles als mögliche Benennungen b, *b, ... von G-Gegenständen zählt und was alles zulässige elementare prädikative Unterscheidungen φ(x) in G sind. Die Benennungen können, wie bei den natürlichen Zahlen, Terme sein, die nach rekursiven syntaktischen Regeln gebildet sind. Benennungen können aber auch lokal und situationsabhängig sein wie «dieser Baum hier» oder «diese Diagonalfolge», wenn man etwa an einen Diagonalbeweis denkt, wie ihn Cantor vorführt. Hinzu kommt aber immer eine Festlegung der Wahrheitsbedingungen für Gleichungen b=*b und die Bedingung, dass das folgende *Leibniz-Prinzip* gelten muss:

Wenn b=*b ist, dann folgt φ(*b) aus φ(b).

Höhere Lebewesen bilden nun sozusagen halbsortale Gegenstandsbereiche. Das bloß Halbe liegt hier erstens daran, dass die Individuen entstehen und vergehen und dass es gar keine wohldefinierte Klasse aller vergangenen, gegenwärtigen und/oder zukünftigen Menschen oder höheren Lebewesen gibt. Es liegt zweitens daran, dass es kein klares System von Eigenschaften der Individuen als Ganzer gibt, während sich z. B. für Zahlen und idealgeometrische Formen, Linien und Punkte klare Listen elementarer Prädikate angeben lassen. Dennoch kommen Lebewesen den einzigen vollsortalen Gegenständen, den rein abstrakten Zahlen, Mengen, Funktionen und idealen Formen der Mathematik, am nächsten. Denn sie sind, solange sie existieren, d. h. in der Zeit, in der sie leben, unteilbare Individuen. Alle anderen Dinge der Welt sind teilbar und teilen sich.

Schon Platon scheint gesehen zu haben, dass einer zweistelligen Relation wie ‹n ist kleiner als m› für jeden Gegenstand M ein einstelliges Prädikat ‹n ist klein relativ zu M› korrespondiert, so dass etwa Kebes im Vergleich zu Sokrates nicht klein sein mag, wohl aber in Relation zu Simmias. Man nennt den oft impliziten Vergleichsgegenstand, der z. B. auch ein Standard für eine Zweiteilung etwa in große und kleine Menschen oder Elefanten oder Ameisen sein kann, auch «Parameter».

Für *zweistellige* Prädikate φ(x,y) in G und für jede mögliche Benennung b eines Gegenstandes in G, die als Parameter fungiert, muss dementsprechend sowohl $P_b(x):\equiv\varphi(x,b)$ als auch $Q_b:\equiv\varphi(b,y)$ ein wohldefiniertes einstelliges Prädikat in G sein. Das Zeichen «≡» steht dabei für eine (definitorische) Gleichsetzung auf der Ebene der Ausdrücke. Wir schreiben φ(b), wenn die G-Benennung b in φ vorkommt. Es drücken dann z. B. offene Satzformen wie «n<x» bzw. «n+x=m» einstellige Prädikate bzw. einstellige Begriffe aus: Sie definieren die Klassen der Dinge, die größer als n sind bzw. die zu n addiert m ergeben. Die Benennungen b eines G-Gegenstandes (hier auch vertreten durch die ‹Konstanten› n, m, k, ..., welche für Zahlzeichen wie 3, 5, 9 stehen) spielen gerade die Rollen von Parametern in der Bestimmung der einstelligen Prädikate P_b und Q_b, passend zur zweistelligen Relation φ(x,y). Man sieht hier, wie man durch Parameter beliebige n+1-stellige Prädikate bzw. Relationen auf n-stellige reduzieren kann. Ebenso geht auch Frege vor. Nur Bereiche, in denen diese Reduktionen immer möglich sind, sind echte sortale Gegenstandsbereiche. Am Ende liefern nur die rein mathematischen Redebereiche wirklich situationsinvariante sortale Klassen.

Wenn nun «φ» und «ψ» schon als syntaktosemantisch in einem Gegenstandsbereich G wohlgebildete Sätze zählen können (wie etwa die obigen elementaren Sätze in den natürlichen Zahlen), so sind auch «nicht-φ» oder «¬φ» (lies: «non-φ» oder «nicht-φ»), «φ&ψ» (lies: «φ und ψ») bzw. «φ→ψ» (lies: «ψ, falls φ») syntaktosemantisch in G wohlgebildete Sätze. Dem Satz «¬φ» wird dann der Wert das Wahre genau dann zugeordnet, wenn «φ» der Wert das Falsche zugeordnet ist, das Falsche sonst. Dem Satz «φ&ψ» wird das Wahre zugeordnet genau dann, wenn sowohl dem Satz «φ» und dem Satz «ψ» das Wahre zugeordnet ist, das Falsche sonst. Dem Satz «φ→ψ» wird das Wahre zugeordnet, wenn entweder dem Satz «φ» das Falsche oder dem Satz «ψ» das Wahre zugeordnet ist.

Einem G-Satz der ‹quantifizierten› Form «Jedes x hat die Eigenschaft φ(x)», in Formelschreibweise: «∀x.φ(x).» wird der Wert das Wahre zugeordnet, genau wenn jedem G-Satz φ(b) mit einer zulässigen Benennung b in G der Wert das Wahre zugeordnet ist, das Falsche sonst. Dabei wird an die Stelle von x eine G-Benennung gesetzt. Die Technik beherrschen wir auch in der Normalsprache in unserem Gebrauch des Allquantors «für alle». Beim Gebrauch derartiger Quantoren, wie etwa auch des Existenzquantors «Es gibt ein x», ist immer der relevante ‹Gegenstandsbereich› G vorausgesetzt. Dieser muss immer eigens definitorisch konstituiert werden. Einer der schlimmsten Fehler in den logischen Debatten bei und nach Frege besteht in der ‹unmöglichen› Unterstellung eines einzigen universalen sortalen Variablenbereiches oder ‹*universe of discourse*›. Die Existenzquantifikation notiert man so: ∃x.φ(x). Die Punkte in quantifizierten Ausdrücken der Formen ∀x.φ(x). und ∃x.φ(x). ersetzen Klammern nur zur besseren Lesbarkeit. Sie werden aber gelegentlich auch weggelassen.

Ein Metabeweis über die Länge der Sätze lässt uns einsehen, dass jedem nach unseren Regeln syntaktisch korrekt aufgebauten G-Satz der elementaren Arithmetik genau einer der beiden Wahrheitswerte, das Wahre oder das Falsche, zugeordnet ist. Es gibt zwar Autoren, welche Bedenken tragen, ob dieser Beweis überzeugend sei, da er uns natürlich nicht sagt, wie wir bei einem uns vorgelegten syntaktisch wohldefinierten arithmetischen Satz etwa der Form «Es gibt einen größten Primzahlzwilling», nach dem also n und n+2 Primzahlen sein sollen, *entscheiden* können, ob er wahr oder falsch ist. Aber ebendas wäre zu viel verlangt. Es geht ja gerade darum zu erläutern, wie es geschehen kann, dass *wir selbst* die Wahrheit einer G-Aussage über unsere Regeln der Wahrheitswertzuordnung für G-Sätze *definiert haben*. Wir haben also die Wahrheit bestimmt, ohne dass das schon heißen muss, dass wir immer schon in der Lage wären, den Wahrheitswert schematisch zu *errechnen* und in diesem Sinn *festzustellen*. Genau damit aber können wir verstehen, in welchem Sinn die von uns festgesetzten Wahrheitswerte der Sätze unser Wissen schon in einem so einfachen Bereich wie der elementaren Arithmetik transzendieren. Die Wahrheiten der Arithmetik sind offenbar rein formal. Wahrheitswerte sind rein formale Werte.

Die Bedeutung der formalen Analyse der Wahrheitsbedingung logisch komplexer arithmetischer Sätze, Satzformen und Prädikate, in denen logische Wörter wie «nicht», «und» und «für alle» vorkommen können, besteht gerade darin, dass sie uns das Folgende zeigt: Wir selbst sind es, welche Wahrheitswerte definieren. Das geschieht dennoch so, dass wir für viele mögliche Aussagen nicht wissen und nie wissen werden, *ob* sie wahr sind.

4. Die Konstitution der Kleinkinderzahlen

Das Abstrakte der reinen Zahlen besteht gerade darin, dass es auf das konkret gewählte System der Zahlwörter oder sogenannten Terme nicht ankommt, wenn nur bestimmte basale apriorische Bedingungen für ihre Ordnung erfüllt sind. Diese Bedingungen, zu denen gehört, dass die Zahltermordnung nicht zyklisch ist, machen es allererst möglich, die Terme zum Zählen zu verwenden. Man kann z. B. mit römischen Ziffern ebenso zählen wie mit arabischen, mit beliebig langen Strichlisten ebenso wie mit einem Dezimalsystem oder einem binären System, um von anderen Systemen wie einem Hexadezimalsystem (16er-System) oder dem babylonischen 60er-System gar nicht zu reden. Man kann auch jedes System S von Zählzahlwörtern einfach jedem anderen System S* zuordnen, und zwar durch die folgende Äquivalenzrelation der Zahlgleichheit: Es wird das Symbol für die 1 in S dem Symbol für die 1 in S* zugeordnet. Wenn und nur wenn das Symbol t in S dem Symbol r in S* zugeordnet ist, wird das Symbol t*=t+1 dem Symbol r*=r+1 zugeordnet. Das Abstrakte einer Zahl ist, wie man sagen könnte, eine Invarianz gegenüber dieser hier bloß angedeuteten, aber leicht nachvollziehbaren Äquivalenz. Die Unterschiedlichkeit der Zahlen ergibt sich aus einem ‹Und so weiter› der Form der Bildung möglicher Zahlterme für ‹größere› Zahlen.

Frege definiert die Zahlen nicht durch Äquivalenzen in und zwischen *Zahltermsystemen*, sondern besteht darauf, Zahlen durch eine Formel der folgenden Art in einem nicht definierten, sondern naiv schon als wohlkonstituiert unterstellten Bereich aller sortalen Gegenstände U, einem *universe of discourse*, durch *Aussonderung* zu definieren: x ist eine natürliche Zahl genau dann, wenn φ(x) gilt. Doch solche Bereiche *rein* sortaler Gegenstände gibt es außerhalb der Mathematik überhaupt nicht und in der Mathematik nur nach einer eigens ausgeführten definitorischen Konstitution, wie wir sie für die natürlichen Zahlen vorgeführt haben. Auf ihrer Grundlage werden alle Mengen und ‹Zahlen› der höheren Arithmetik (etwa in der reellzahligen Analysis) definiert. In analoger Weise mussten bzw. müssen auch die reinen Formen und Punkte der idealen synthetischen (euklidischen) Geometrie erst definiert werden. Dazu muss gezeigt werden, dass sie die Bedingungen sortaler Bereiche in idealer Weise erfüllen. Weil er diese Konstitutionen unterlässt, wird Freges logizistisches Definitionsverfahren methodisch zirkulär. Er kann also gar nicht definieren, was mathematische Gegenstandsbereiche und Wahrheiten, Zahlen und Mengen sind. Das aber kann ein rein axiomatisches Verfahren erst recht nicht, ja es muss die Modelle der axiomatischen Theorien auf naive Weise in einem platonistischen Himmel als gegeben annehmen.

5. Axiome als Rechenregeln und tiefenstrukturelle logische Formen

Wenn man die oben skizzierten Techniken beherrscht, kann man leicht sehen, dass Freges Aussagen-, Prädikaten- und Quantorenlogik im Wesentlichen die formallogische Binnenstruktur logisch komplexer Prädikate in sortalen Gegenstandsbereichen G behandelt. Der Fortschritt der Prädikatenlogik Freges gegenüber der klassischen ‹mereologischen› und ‹taxonomischen› Begriffslogik des Aristoteles besteht dabei darin, dass die formallogischen Definitionen logisch komplexer Prädikate (‹Begriffe›) A, die wir auch in der Form $\lambda x\varphi(x)$ notieren, ein ganzes System analytisch (definitorisch) gültiger Schlüsse aus Sätzen der Form «n ist ein A» bzw. «$\varphi(n)$» festlegen, was eine massive Erweiterung der klassischen Definitionslehre bedeutet. ‹Mereologie› ist dabei einfach eine ‹Logik des Enthaltenseins› von Extensionen wie Flächen, Volumina, Mengen oder eben Begriffsumfängen. Taxonomien sind (disjunkte) Klassifikationen von Gegenständen wie z. B. den Tieren in Familien, Gattungen, Arten und Unterarten. Disjunkt sind sie, wenn kein Element oder Gegenstand zu zwei Arten gehört.

Die schematischen Schlussformen und die Axiome (Grundsätze, Grundformeln) des Prädikatenkalküls erster Stufe artikulieren allgemein zulässige schematische Rechenregeln für logisch komplexe Prädikate und Sätze in sortalen Bereichen. Diese Zulässigkeit besteht nur darin, dass sie nie von Sätzen, denen der Wert das Wahre zugeordnet ist, zu Sätzen führen, denen der Wert das Falsche zugeordnet ist. Axiome definieren dabei Klassen von sortalen Gegenstandsbereichen, ihren Modellen, in denen die Axiome zu formal wahren Sätzen werden. Eine Art naives Standardsystem ‹aller› vollsortalen Modelle liefert die naive Mengenlehre, die als eine Art höhere Arithmetik aller reinen Mengen immer nur grob skizziert wird.

Ein Grundproblem der sich an dieser formalen mathematischen Logik orientierenden Sprachphilosophie des 20. Jahrhunderts besteht darin, dass man die Differenz zwischen den höchst idealen Systemen reiner vollsortaler Gegenstandsbereiche und die konkreten Probleme ihrer immer bloß analogischen und metonymischen Projektion in Anwendungen auf ein weltbezogenes Sprechen nicht beachtet. Das zeigt sich z. B. an der besonders von Davidson propagierten Zuordnung einer tiefenstrukturellen logischen Form zur Behandlung adverbialer Ausdrücke in Sätzen über Ereignisse. Um nämlich aus einem Satz wie «Peter läuft schnell» rein formal im Rahmen von Freges Prädikatenkalkül den Satz «Peter läuft» deduzieren zu können, ordnet Davidson den beiden Sätzen zunächst die folgenden halbformalen Ausdrücke zu: «Es gibt ein Ereignis e, in das Peter involviert ist, und e ist ein (schnelles) Laufen.» Die logische Form wird dann durch eine Formel der folgenden Art repräsentiert: ∃e.φ(e,N)&ψ(e,L)&..., wobei e eine Variable für Ereignisse sein soll, φ(e,N) sagt, dass die Person N mit e etwas zu tun hat (es vielleicht verursacht), ψ(e,L) aber, dass das Ereignis ein Laufen ist. Weitere Sätze können dann sagen, dass es ein schnelles oder schönes oder sonst ein Ereignis sei. Trotz der netten formalen Schlüsse erzeugt die Analyse mehr Probleme, als sie löst. Denn es ist ganz unklar, was einzelne Ereignisse sein sollen oder ob hier immer schon über besondere und damit schon allgemein typisierte Ereignisse gesprochen wird, mit völlig offenen Bedingungen der Ereignisidentität. Ereignisse bilden weder als sogenannte Token oder momentane Geschehnisse noch als Typen wohldefinierte sortale Gegenstandsbereiche. Im Übrigen lassen sich die Schlussformen viel einfacher darstellen und erklären, indem wir Adverbien als vor Verben gestellte Operatoren begreifen und einfach lernen, dass für manche von ihnen Regeln der folgenden Art gelten: «Wenn x schnell läuft, dann läuft x.» Für manche Adverbien gelten diese Regeln nicht. Wir können ja nicht aus «Peter läuft vielleicht» und nicht einmal aus «Peter läuft gern» schließen, dass Peter läuft. Immerhin ist bemerkenswert, dass wir Oberflächensätzen verschiedene tiefenlogische Formen zuordnen und dabei etwas über die logischen Formen der Sätze explizit machen können.

Der spätere Wittgenstein erkennt und betont entsprechend die Vielfalt von Sprachgebrauchsformen und den immer bloß lokalen Sinn der zugeordneten tiefenlogischen Formen. Wir greifen dabei in ein ganzes Arsenal von möglichen ‹*Sprachspielen*›, wie

Wittgenstein sagt. Diese sind bei ihm zunächst *Vergleichsgegenstände* zur Explikation von sprachlichen, auch logischen Formen. Sie sind als solche Modelle, auch lokale Modellchen, die oft nur in bestimmten Kontexten passende Schemata des inferentiellen Operierens mit Wörtern darstellen. Ihre Skizzierungen sollen und können der Explikation empraktischer *Vollzugsformen* im Sprachgebrauch dienen. Später weitet Wittgenstein den Vergleich zwischen der Vielfalt der Formen des Spielens und der Vielfalt der Formen des Sprechens aus. Damit wird einsichtig, warum es falsch ist, eine schematisierte Logik wie die an die idealen sortalen Gegenstandsbereiche der Mathematik, die reine Mengenlehre, angepasste Prädikaten- bzw. Funktionslogik Freges als *die* Logik der Sprache auszugeben. Vielmehr benutzen wir in unseren Sprachen ein ganzes Register von logischen Formen.

Weitere Beispiele zeigen, wie man formale logische Analysen zur Klärung von Problemen der *Quantorenbindung* bzw. des *Skopus* der Quantoren in der Normalsprache benutzen kann. So kann man auf semantische Ambiguitäten in Sätzen hinweisen wie z. B. in dem folgenden viel diskutierten ‹Eselssatz›: «Wenn einer einen Esel hat, dann schlägt er ihn.» Man kann den Satz zunächst so notieren:

∀x∀y.(x hat y & y ist ein Esel) ⟶ (x schlägt y).

Lies: Für jede Person und jeden Esel gilt, wenn die Person den Esel besitzt, schlägt sie ihn. Der Satz kann aber auch so gelesen werden, dass der Esel y den Menschen x schlägt! Wir erhalten daher eine zweite Formel als Darstellung einer möglichen ‹semantischen Tiefenstruktur› des Satzes:

∀x∀y.(x hat y & y ist ein Esel) ⟶ (y schlägt x).

Lies: Wenn eine Person einen Esel besitzt, schlägt er sie. Man kann den Satz jedoch drittens auch so lesen: Wenn es eine Person gibt, die einen Esel hat, dann schlägt er sie (oder sie ihn). Auf die für jede automatische Sprachverarbeitung höchst interessante Frage, wie man von Oberflächensätzen über rekonstruierte Herleitungen der syntaktischen Struktur *rein schematisch* zu einer oder mehreren semantischen Tiefenstrukturen geführt werden kann, gehen wir hier nicht weiter ein. Die allgemeine Technik dieser Disambiguierungen semantisch zweideutiger Ausdrucksweisen ist praktisch dennoch relativ leicht zu lernen. Das Beispiel zeigt zugleich, dass wir auch in der Normalsprache Methoden der Vereindeutigung (‹Disambiguierung›) anaphorischer Rückbezüge (etwa von Pronomina) haben, etwa wenn wir im Deutschen die Verteilungen des grammatischen Geschlechts nutzen.

Als weiteres Beispiel für Erklärungen, die von einer logischen Tiefenstruktur Gebrauch machen, betrachten wir das *logisch-semantische Parsing*, d. h. die Suche nach passenden logischen Formen. Im Fall des Satzes «Peter und Maria gehen spazieren» kann z. B. «Peter und Maria» ein gemeinsames Subjekt sein, oder der Satz ist rein distributionell zu lesen. Demnach ist zwischen den logischen Formen der Sätze «Peter und Maria gehen gemeinsam spazieren» und «Peter und Maria gehen je einzeln spazieren» zu unterscheiden. Die logische Form des zweiten Satzes ist φ(P)&φ(M), die des ersten aber φ(P,M). Dabei ist das Verb «gemeinsam spazieren gehen» logisch von ähnlicher Form wie «einander lieben». Denn das gemeinsame Spazierengehen muss, wie Margaret Gilbert zeigt, als gemeinschaftsbildende Relation zwischen Peter und Maria verstanden werden. Diese besondere Beziehung besteht z. B. nur, wenn die gemeinsam Handelnden nicht allzu weit voneinander entfernt gehen und immer wieder kontrollieren, ob sie noch die Bedingungen des gemeinsamen Tuns erfüllen, was z. B. auch schon dann nicht mehr der Fall sein kann, wenn sie sich allzu lange anschweigen. Aber auch der Satz «Peter und Maria lieben sich» ist logisch zweideutig. Denn er kann sowohl die logische Form φ(P,M) haben als auch die Form φ(P)&φ(M), wobei «φ(P)» für «P liebt sich selbst» steht, also für «P liebt P».

6. Illokutionärer Modus und Sprechhandlung

Die Sätze der Arithmetik, welche nach unserer Wahrheitswertfestlegung als wahr zu werten sind, artikulieren bei einer geeigneten Lesart zulässige Schlussregeln. Im Prinzip hat das schon Wittgenstein im *Tractatus logico-philosophicus* gesehen. Wenn wir daher sagen, dass ein arithmetischer Satz wahr ist, sagen wir, dass die zugehörige Schlussregel zulässig ist, und zwar insofern, als keine ihrer Anwendungen beim Folgern aus wahren Prämissen zu arithmetisch falschen Elementaraussagen führt. Ist nämlich φ äquivalent zu $\psi \rightarrow \xi$, steht uns, wenn φ wahr ist, folgende bedingte Schlussregel zur Verfügung: Man kann von ψ zu ξ übergehen. Ansonsten stehen uns die wahren Sätze als Prämissen, d. h. als Regeln ohne weitere Bedingungen für das Schließen, zur Verfügung.

Wir unterscheiden nun zwischen Aussagen in einem weiten Sinn, nämlich als Fragen, Befehle und andere Sprechhandlungen, und Aussagen in einem engeren Sinn, den Behauptungen oder Konstatierungen. Im ersten Fall können Äußerungen, wie man sagt, verschiedene illokutionäre Rollen spielen, das heißt, sie können unterschiedliche Sprechhandlungen wie Bitten oder Beten ausführen. Im zweiten Fall ist das Aussagen eine besondere illokutionäre Sprechhandlung oder Illokution, nämlich des assertiven Aussagens im Kontrast zu Sprechhandlungen wie Fragen oder Versprechen. Für Illokutionen gilt in einem begrenzten Maße die Regel «*Saying so makes it so*». Sie besagt einfach, dass ich in und mit meiner Äußerung eine Aussage im weiten Sinn mache. Ich artikuliere z. B. eine Frage oder bitte um Verzeihung. Vorauszusetzen ist allerdings, dass in Situation und Redekontext gewisse Normalitätsbedingungen erfüllt sind, die es erst möglich machen, eine entsprechende Handlung auszuführen, wie wir noch genauer sehen werden. Da die Erfüllung dieser Bedingungen häufig erst später als sichergestellt erkennbar ist, kann es immer auch geschehen, dass wir eine derartige Sprechhandlung im Nachhinein zu einem *bloßen Versuch* herunterstufen müssen, die entsprechende Handlung auszuführen. Das ist eine logisch ungemein wichtige und in keiner rein schematischen Satzlogik einholbare oder darstellbare Tatsache. So wird z. B. ein «ich verspreche dir» zu einem bloßen Angebot eines Versprechens oder die Deklaration einer Absicht zur bloßen Äußerung eines Wunsches. Eine Aussage, die normalerweise ein Wissen artikuliert, kann entsprechend durch externe Zufälle zu einem bloßen Glauben oder Meinen werden.

In der Schriftsprache signalisieren wir Fragen durch Fragezeichen, Befehle durch Ausrufungszeichen, und wir verwenden Satzschlusspunkte für Behauptungen. In der sogenannten *Prosodie* der Lautsprache korrespondieren den schriftsprachlichen Satzzeichen verschiedene *Intonationen*. Die Stimme geht bekanntlich bei Aussagen nach unten, bei Fragen nach oben. Damit wird sozusagen der Inhalt des Gesagten in der Schwebe, also offengehalten, bis in der Antwort die Stimme wieder heruntergeht. Frege hat wohl aufgrund derartiger Überlegungen in seine schriftlichen Notationen zwei zusätzliche Zeichen eingefügt, einen ‹Inhaltsstrich› oder ‹Waagerechten› und einen ‹Urteilsstrich› oder ‹Senkrechten›. Er schreibt also in seinem ersten Entwurf der ‹Begriffsschrift› «—φ» für die bloße *Erwägung* (oder Erwähnung) der durch den Satz φ näher charakterisierten Aussage und benutzt den Urteilsstrich «⊢», um zu *sagen*, dass die folgende Proposition «—φ» wahr sei. (Später wird der Waagerechte bei Frege zum Ausdruck einer Funktion mit zwei Wahrheitswerten.)

Der Wahrheitswert der möglichen Aussage «—φ» (der nur das Wahre oder das Falsche sein kann, falls die Aussage wohldefiniert ist) lässt sich jetzt von der *Bewertung* der Aussage «—φ» *als wahr* unterscheiden. Denn wir sagen, dass die mögliche Aussage oder Proposition «—φ» wahr sei genau dann, wenn dem Satz φ (später dann gegebenenfalls in Abhängigkeit von der Äußerungs- und Bezugssituation, wenn wir nicht bloß ewige Sätze betrachten) nach den festgelegten Kriterien der Wahrheitswert das Wahre schon zugeordnet ist. Der Ausdruck «⊢φ» macht die ‹behauptende Kraft› (*assertive force*) explizit. Genauer gesagt, drückt er die *propositionale Haltung* des Sprechers oder Schreibers zum *Inhalt* von φ aus. Der Sprecher sagt nämlich, der Wahrheitswert der Aussage sei das Wahre. Der Inhalt besteht dabei erstens in den Kriterien, wann oder wie wir (die Aussage) φ als wahr bewerten sollten, zweitens in der ebenfalls als bekannt vorausgesetzten Gebrauchsweise des Satzes als Inferenzregel (oder Prämisse). «⊢φ» hinzuschreiben bedeutet also im Wesentlichen dasselbe wie zu versichern: «Es ist wahr, dass φ», oder auch: «φ ist gültig», oder: «φ darf beim weiteren

Schließen verwendet werden.» Diese Analyse der Verwendung des Ausdrucks «es ist wahr, dass φ» in einer performativen Expression von Überzeugungen trägt manchmal den leicht irreführenden Titel einer ‹Redundanztheorie der Wahrheit›. In der Lautsprache würde man einfach φ in entsprechender Betonung äußern.

Wenn wir den Sprecher im Index andeuten dürften, etwa in der Form «$\vdash_{ich}\varphi$», dann würde noch klarer, dass der Urteils- oder Behauptungsstrich ein schriftlicher Ausdruck ist für den *Vollzug* oder die *Performation* der Sprechhandlung des Versicherns, Behauptens oder konstatierenden Aussagens. Eine solche Performation ist zunächst Expression einer epistemischen Haltung. Auch Versicherungen der Art «ich weiß, dass φ» bzw. «man weiß, dass φ» bedeuten zunächst praktisch einfach das Gleiche wie «es ist wahr, dass φ» oder «man kann sagen, dass φ». In normalen Kontexten würden wir jedoch einfach ohne weitere Betonung sagen, dass φ. Erst im Fall expliziter Reflexion werden wir mit Emphase sagen, dass es *wahr* sei, dass φ, oder dass wir *wissen*, dass φ.

Aus der Perspektive einer zweiten oder dritten Person, welche die Versicherung einer ersten Person, des Sprechers, beurteilt, zählt nun eine (konstative) Aussage nur dann als ein *Wissen*, wenn sie einen für die zweite oder dritte Person *zureichenden Beweis für die Wahrheit* vorweisen kann. Genau so war die berühmte Definition des Wissens in Platons Dialog *Theaitetos* durch die Formel «*alēthēs doxa meta logou*», d.h. «wahres Urteil mit einem die Wahrheit darlegenden Beweis», gemeint. Das mathematische Wissen liefert dabei schöne Idealfälle für bewiesene Wahrheiten. Im Unterschied dazu zählt eine wahre Meinung noch nicht als Wissen, wenn es bloß aus subjektiver Perspektive *gute Gründe* für sie gibt.

Da bei allen Aussagen, die prognostische Sinnkomponenten haben, im Nachhinein Korrekturen nötig sein können, ist fast jedes aus der Perspektive des Sprechers wohlbegründete Urteil im Grundsatz immer noch fallibel. Von anderen Perspektiven her gesehen kann sich ein *prima facie* wohlbegründeter Wissensanspruch, etwa der, vor einer Scheune zu stehen (wie in Alvin

Goldmans Abwandlung eines Beispiels von Edmund Gettier), als ein Nichtwissen herausstellen, wenn wir uns z. B. ohne unser Wissen in einem Potemkin'schen Dorf oder der Filmkulisse einer Westernstadt befinden. Es könnte dann sein, dass alles andere Fassade ist, nur die Scheune ist *zufälligerweise* eine Scheune, um die herum man die Kulissen aufgebaut hat. Dann wäre unsere Meinung nur zufällig wahr, und wir würden sie nicht als Wissen durchgehen lassen. Dennoch ist nicht alles ‹bürgerliche›, d. h. normale, ‹endliche› Weltwissen einfach fallibel. Wenn wir z. B. alles das mit und in der Scheune tun können, was man mit und in Scheunen normalerweise tun kann, dann ist es eher unklar, was es noch heißen könnte zu sagen, dass es sich möglicherweise doch nicht um eine Scheune handelt. Entsprechendes gilt für Normalfallaussagen der Art, dass noch Milch im Kühlschrank ist, nachdem ich sie gesehen habe: Wenn später alles normal läuft, ist dies kein bloßer Glaube, zumal wir im Sprechakt zwischen der einfachen Aussage, der Aussage «ich glaube ...» und der Aussage «ich weiß ...» klar kontrastiv unterscheiden. Nur wo es gute Gründe gibt, an der Wahrheit zu zweifeln, darf einer sagen: «Ich glaube, es ist Milch im Kühlschrank.»

Anders gesagt, alle Wahrheit und alles Wissen im Sinne der kontrollierten Erfüllung von Geltungsbedingungen sind am Ende als pragmatisch zureichende Erfüllungen gerade auch von kommunikativen Handlungen und kooperativen Interaktionen zu verstehen. Die idealen Wahrheiten aller reinen Redeformen gehören dagegen in eine bloße Reflexionslogik der Darstellung paradigmatischer Formen. Deren Anwendung verlangt geradeso wie die der Formen der Geometrie immer den rechten Gebrauch einer kontext- und situationsabhängigen Relevanzmarge. Beurteilt wird, ob die jeweilige ideale Form *gut genug* realisiert ist. Daher kann man auch keinen innerweltlichen Wissensanspruch bloß durch den Hinweis auf die unendlichen Bedingungen eines idealen Wissens kritisieren. Der Kontrast zwischen Realwissen und Idealwissen ist begrifflich ebenso allgemein wie der zwischen realen und idealen Geraden oder Kreisen. Die ‹bürgerliche› Robustheit des normalen Begriffs sowohl des Wissens wie der Wahrheit wird in allen hochidealen Theorien unterschätzt, die Tatsachen der Fallibilität werden überschätzt. Und doch ist zu beachten, dass es immer auch Ausnahmen und Fehler geben kann. All unser Wissen ist immer bloßes Normalfallwissen und nie absolut ‹sicher›. Absolute Sicherheit ist kein Merkmal für «Wissen», auch nicht für unsere Beurteilung einer Aussage als wahr. Das gilt jedenfalls außerhalb der reinen Mathematik, also für alles Weltwissen.

Wie der Frege'sche *Urteilsstrich* «$\vdash\varphi$» könnten andere sogenannte *Performatoren* die Notation von Fragen und Befehlen expliziter machen. Zur klaren Bestimmung des Skopus oder Klammerbereichs würde man sie an den Anfang des Ausdrucks stellen, also statt «φ?» eher «?φ» schreiben für die Frage, ob φ wahr ist, und «!φ» für die Aufforderung, etwas zu tun. Ein solcher Performator heißt auch ‹*Modusregler*› oder, bei John R. Searle, ‹*illocutionary force indicator*›. Weitere Modi sind *Warnungen*, *Versprechen* und Expressionen von *Wünschen* oder *Absichten*. Während die Performatoren nur in Äußerungen der expliziten Form «Hiermit versichere ich, dass φ» Teil des behaupteten Satzes sind und ansonsten häufig implizit ausgedrückt werden, können wir, wo es nötig wird, in aller Regel sofort in einen reflexiven Ausdrucksmodus wechseln und aussageartig darüber reden, dass ich gerade bloß *versichere*, dass φ, oder *verspreche*, φ zu tun. In analoger Weise kann ich mich anaphorisch auf meine Sprechhandlung beziehen und sagen: «Ich habe doch (nur) gemeint, dass φ.»

Der Form einer *Aussage über mich* würde man dabei wohl die folgende Formel zuordnen können: $\vdash\varphi_{ich}$(ich). Mit jeder Versicherung, dass φ, stehe ich nicht nur für die Wahrheit von φ ein und übernehme damit eine gewisse Verpflichtung in der Informationsweitergabe oder kooperativen Kommunikation, sondern mache zugleich auch explizit, dass das, was ich gesagt habe, *meine* Versicherung ist. Im Falle einer Nachfrage müsste ich dann wohl auch zeigen können, dass ich dabei nicht zufällig rate, sondern aus meiner Sicht gute Gründe dafür angeben kann, warum ich der *Überzeugung* bin, dass *unsere* definitorischen Bedingungen erfüllt sind dafür, dass die Aussage φ wahr ist. Kontrollen solcher Gründe finden statt in einem Spiel des ‹*giving and asking for reasons*›, wie Sellars und Brandom sagen. Vorausgesetzt sind gemeinsame Kriterien der Erfüllung von Geltungsbedingungen oder ‹Wahrheitsbedingungen›.

In der Mathematik besteht eine vollständig geglückte Begründung in einem *Beweis* von φ, der zeigt, dass für φ von uns nach den allen bekannten Regeln der Wert das Wahre festgelegt ist und nicht das Falsche. Es gibt also gar keine mathematische Wahrheit vor oder jenseits *unserer* vorgängigen syntaktischen Satzbildungsregeln und semantischen Wahrheitswertzuordnungen. Das ist der Kern von Freges Einsicht in die logischen Grundlagen der Arithmetik. Sie bleibt trotz aller Probleme im Detail fundamental. Die Vorgängigkeit der definitorischen Wahrheitswertfestlegung ist auch Hauptpunkt von Wittgensteins Analyse im *Tractatus*. Sie lässt sich als *transzendentale* oder *präsuppositionslogische* Bedingung zunächst mathematischer Wahrheit charakterisieren und von einer *transzendenten*, d. h. überschwänglich-jenseitigen und zugleich unanalysierten und damit unbegriffenen Unterstellung (wie im sogenannten mathematischen Platonismus) klar unterscheiden.

III. Wahrheit, empirische Möglichkeit und Notwendigkeit

1. Performator, Satzoperator und Prädikat

Eine Schachtelung von Performatoren ist offenbar kategorial sinnlos, eben weil sie gar nicht zum Satz gehören. Würde also jemand etwas schreiben wie «⊢⊢φ» oder «!⊢φ» oder «⊢?φ», so schriebe er sinnloses Zeug. Allerdings kann man, wie gesehen, *metastufige* Sätze der folgenden Art bilden: «N gibt den Befehl mit dem Inhalt φ / äußert die Frage, ob φ / sagt aus, dass φ.» Und man kann die Ausdrücke «es ist wahr / möglich / notwendig, dass φ» sowohl als modale Prädikate als auch als schachtelbare Modaloperatoren im Satz gebrauchen.

Die Bedeutung der Unterscheidungen und der Zusammenhänge zwischen Satz und Aussage bzw. zwischen Performator, Satzoperator und Prädikat kann kaum überschätzt werden. So wird der Ausdruck «ist wahr» oft als bloße Betonung der Performation gebraucht, etwa in Fällen, in denen ich etwas gesagt habe. Im Fall eines Zweifels könnte ich z. B. mit Nachdruck noch einmal sagen: «Aber es ist doch wahr, dass Performationen keine Prädikationen sind.» Die schon angesprochene Redundanztheorie der Wahrheit übertreibt diese wichtige Einsicht allerdings ein wenig: Es ist zwar richtig, dass der bloß betonende Gebrauch von «es ist wahr, dass …» auch in beliebigen Schachtelungen zunächst überhaupt nichts inhaltlich Neues beiträgt, zumal eine Schachtelung von Performatoren eben kategorial sinnwidrig ist. Jedoch gibt es auch formal *prädikative* Gebräuche der Aussageform «x ist wahr».

In der Sprache finden wir ganz allgemeine Übergänge von expressiven Aktualisierungen verschiedenster Sprechhandlungen unter Verwendung von Ausdrucksformen als Performatoren einerseits zu Selbstkommentierungen im Präsens und Präteritum andererseits. Wir sagen etwa: «Ich verspreche (hiermit) zu kommen», und kommentieren dies durch: «Ich versprach zu kommen.» Der Pfarrer sagt: «Ich taufe dich …», und wir sagen: «Der Pfarrer tauft ihn», bzw. später: «Er hat ihn getauft.» Wir beziehen uns auch gegenständlich auf eine nominalisierte Aussage, etwa dass es gerade regnet, und kommentieren diese, indem wir formal prädikativ sagen, dass die Aussage, dass es regnet, wahr gewesen sei.

Im Gebrauch von prädikativen Metabewertungen der Form «die Aussage ist wahr / missglückt / sinnlos / falsch» finden wir einige Beispiele für *formale Prädikate* für einen gegenständlich besprochenen Bereich von Aussagen. Wir können jetzt etwa über eine Person sagen, dass *alle* ihre Aussagen wahr oder dass *manche* ihrer Aussagen unehrlich seien usf. Wir erhalten so auch die formale Möglichkeit *geschachtelter Metaaussagen* der Art: «Es ist möglich, dass das, was Paul sagt, notwendigerweise wahr ist.»

2. Modalitäten

Auf einfache Weise geschachtelt sind modale Satzoperatoren wie im folgenden Beispiel: «Es ist wahr, dass es möglich ist, dass es morgen aufgrund der Wetterlage notwendigerweise regnen wird.» Es ist also wie im Fall «wahr» zu unterscheiden zwischen dem Gebrauch der Modalwörter «möglich» und «notwendig» als Satzoperatoren, Prädikate und Performatoren. Eine Äußerung des Satzes «Es ist möglich, dass es regnen wird» kann dann einfach eine expressive propositionale Haltung des Sprechers ausdrücken, der sagt, dass er subjektiv in gewisser Weise mit Regen rechnet, unabhängig davon, ob *man* mit Regen rechnen *sollte* oder nicht. Der kommissive Anspruch einer Möglichkeitserwägung und Expression wäre hier noch recht schwach, da der Sprecher z. B. durchaus weiter sagen kann, «aber ich glaube es nicht». Er ist ähnlich schwach wie die bloße Expression einer zufälligen Meinung ohne jede Übernahme einer ernsteren Begründungsverpflichtung. Ein Sprecher kann jedoch nicht sagen: «Es wird Regen geben, aber ich glaube es nicht.» Diese Sprachkonvention nennt man «Moores Paradox».

Schon anders liegen die Dinge bei einem *Urteil* über wirkliche und nicht bloß vermeinte Möglichkeiten, die man ebenfalls in der Form «Es ist möglich, dass ...» artikuliert. Die Differenz wird z. B. wichtig bei der Frage, ob es möglich ist, dass es (einen) Gott gibt oder dass wir (als Seele) unsterblich sind. Gegen die bloß willkürliche Meinung oder subjektiv vermeinte Möglichkeit, dass ein Gott existiert, ist kein Kraut gewachsen. Hier dürfen und müssen wir tolerant sein – des Menschen Vorstellungswille ist sein Himmelreich. Wenn wir dagegen über *wirkliche* Möglichkeiten *urteilen* wollen, müssen wir am Ende zu dem Ergebnis kommen, dass aufgrund der rein verbalen Konstitution der Götter und der Seelen diese von der gleichen Existenzart sind wie rein fingierte Gegenstände, von Sherlock Holmes bis zurück zum geflügelten Pferd Pegasus. Das hat zur Folge, dass wir an die reale Möglichkeit eines solchen Gottes oder einer solchen Seele nicht glauben können, und zwar schon dann nicht, wenn wir nur die Grammatik der Wörter verstehen, also wie die Reden über diese Gegenstände konstituiert sind, nämlich durch

Mythen, d. h. konstruierte Geschichten. Man braucht also nicht auf Darwins Evolutionsbiologie zu verweisen, um die Rede von einem Schöpfergott und seiner Schöpfung als rein figurative Rede zu begreifen.

Doch daraus, dass es sich hier um eine tropische Redeform, eine anthropomorphe Metapher handelt, folgt andererseits keineswegs, dass religiöse und theologische Reden *sinnlos* wären oder keine *besonderen Anwendungen* hätten. Das ist so wenig der Fall wie erstens bei literarischen Texten – Romane können sogar ‹wahrer› sein als wahre Geschichten – und zweitens bei mathematischen Wahrheiten, die wir inzwischen ebenfalls als durch formale Wahrheitswertfestlegungen und syntaktische Sprachkonstruktionen konstituiert erkennen können. Sie sagen nichts über eine geistige Hinterwelt aus, sondern artikulieren Regeln des Rechnens, die man auf geeignete Weise auf empirische Fälle anwenden muss. Dazu muss man wissen, wie diese Sätze und ihre intern festgesetzten formalen Wahrheitswerte angemessen zu gebrauchen sind. Klar sollte dann aber sein, dass sie keine von unseren Setzungen unabhängige *wirkliche* oder *mögliche Welt* ‹abbilden›, gerade weil es sich gar nicht um empirische Sätze handelt, sondern um begriffliche Schlussregeln für ein Rechnen mit sprachlichen bzw. symbolischen Ausdrücken. Religiöse Sätze artikulieren dagegen ähnlich wie literarische Texte allgemeine Weisheitslehren und Haltungen zur Welt, sie binden ethische Normen und ihre Folgen in Geschichten ein oder zeigen mögliche Lebensformen.

Wenn man nun Ausdrucksformen wie «es ist notwendig, dass», «es ist (kontingenterweise, also nicht notwendigerweise) wahr, dass» und «es ist möglich, dass» als *Satzoperatoren* gebraucht, dann ergeben sich formelle Schachtelungen, die analog sind zu Schachtelungen von *Quantoren*. Man kann dabei einem Satz etwa der folgenden Form: «Es ist möglich, dass es notwendig ist, dass φ» oder, in symbolischer Form (mit «◇» für «es ist möglich» und «□» für «es ist notwendig»), «◇□φ», die folgende Lesart geben: Es gibt eine Situation w, von der her gilt, dass φ in allen von w her zugänglichen Situationen w* gilt. Der Gebrauch des Buchstabens «w» erklärt sich hier daraus, dass man in der

Modallogik des 20. Jahrhunderts unglücklicherweise von «möglichen Welten» spricht, was schon deswegen leicht irreführt, weil es insgesamt nur eine Welt gibt, nämlich die wirkliche Welt, und weil wir mythische Vorstellungsbilder oder beliebige Systeme irgendwie kohärenter Sätze nicht als Repräsentationen vorgestellter *Welten* ansprechen sollten.

Als Beispiel betrachten wir den Fall, dass es in allen Situationen nach 1815 wahr ist, dass Napoleon die Schlacht von Waterloo verloren hat. Dass Napoleon diese Schlacht als zu erwartende Entscheidungsschlacht nach seiner Rückkehr von Elba in der damaligen Zukunft verlieren würde, stand vorher wohl noch nicht in den Sternen. Es war grundsätzlich möglich, dass er sie gewinnt; die Frage war zuvor noch nicht *entschieden*. Es handelt sich hier ja um keine zeitinvariante, sondern um eine empirische, d. h. historisch kontingente Aussage. *Nach* 1815 aber ist die Aussage, dass die Schlacht verloren ging, in dem Sinn notwendigerweise wahr, als die Vergangenheit nie ungeschehen gemacht werden kann. Von der Welt zur Zeit 1815 aus sind also nur spätere Situationen als noch mögliche zugänglich, für welche alle historischen Wahrheiten der Jahre vor 1815 wahr bleiben. Dabei sind die Situationen immer nur allgemein charakterisiert. Als wirklich vereinzelte setzen sie voraus, dass sie in der Gegenwart oder Vergangenheit empirisch real aktualisiert sind.

Unsere normale Grammatik gibt diese Zeitlogik des Modalen ganz gut wieder, indem wir unterscheiden, was von damals her möglich war oder gewesen wäre, was aber, weil es von heute her vergangen ist, heute nicht mehr möglich oder erreichbar ist. Auch der Modus des *Futurum exactum* lässt sich jetzt als fingierter Rückblick auf die Vorvergangenheit einer prognostizierten oder bloß als möglich erwogenen Zukunft verstehen. Wenn ich sage, dass die Welt im Jahre 2020 aufgrund eines Dritten Weltkriegs im Jahre 2018 *untergegangen sein wird*, springe ich über das Jahr des von mir prognostizierten oder für möglich erachteten Weltkriegs in das Jahr 2020 und schaue von dort fiktiv auf 2018 zurück.

Wir können der Zukunft schon heute – partiell fiktiv – Zeitzahlen zuordnen, können also von der Welt im Jahre 2020 sprechen. Welche der möglichen Zukünfte dann die wirkliche sein wird, das wissen wir nicht, und zwar nicht deswegen, weil unser Wissen zu schwach wäre, sondern weil heute noch gar nicht bestimmt ist, welchen der möglichen Entwicklungsverläufe die eine und einzige Welt nehmen wird, die es wirklich gibt. Das zu sagen bedeutet zu akzeptieren, dass es echte Zufälle geben kann und gibt. (Man beachte die verschiedenen Gebräuche von «Welt»!)

Wer meint, es gäbe nur einen möglichen Entwicklungsverlauf der einen und einzigen Welt, wir wüssten nur nicht, welchen, stellt sich die Dinge einfacher vor, als sie sowohl grammatisch als auch logisch, handlungstheoretisch und auch physikalisch sind – und hätte obendrein die Begründungsverpflichtung dafür, dass man sich die Dinge so einfach vorstellen darf, kann oder sollte. Denn wir unterscheiden zwischen einem zukünftigen Ereignis, das man aus den heutigen Tatsachen vorhersagen könnte, wenn man denn alle ‹heutigen Tatsachen› kennen würde, und den Möglichkeiten, die rein zufälligerweise oder als Folge eines freien Handelns eintreten können, ohne dass es heute schon irgendwie *vorherbestimmt* wäre, was der Fall sein wird, so dass niemand, auch kein Gott, sie vorhersagen könnte. Das heißt, wir können unterscheiden zwischen dem, was kausal durch den Zustand der Welt heute schon ‹determiniert› (Nuel Belnap sagt «*settled*») ist, und dem, was (möglicherweise) gerade noch nicht determiniert ist.

Wer also meint, dass seit einem vorgestellten Urknall alles Geschehen und alle Ereignisse in der Welt kausal determiniert seien, hätte uns zu zeigen, warum das mehr ist als eine bloß subjektive Vorstellung, ein willkürlicher Mythos, ähnlich dem von einem Schöpfergott, so wie man sich vorstellen kann, in die Vergangenheit zu reisen, ohne dass man das wirklich je könnte. Er müsste sogar eine überzeugende Begründung dafür anbieten, warum wir seine Vorstellung für *wahr* halten sollen. Dass wir in der Wissenschaft nach ‹kausalen Ursachen› für Ereignisse suchen, heißt keineswegs, dass es immer solche zu finden gibt, jedenfalls nicht solche von der Art, dass man das Ereignis aus früheren Zuständen und früherem generischen Wissen hätte vorhersagen können. Wenn die Leute an einen Determinismus glauben, dann verkennen sie schon die sprachliche Konstitution der ‹Gegenstände› einer ‹idealen Wissenschaft› und den begrenzten Sinn dieser Vorstellung, die nichts anderes ist als die Vorstellung eines Gottes, der alle Zukunft kennt. Ein solcher Gott ist materialbegrifflich inkohärent, es *kann* ihn nicht geben, wenn wir die Logik unseres Redens nicht durch die ‹Rede über ihn› verwirren wollen. Gott ist sozusagen ein Zerstörer aller Differenzierungen. Leider glaubt gerade der Szientismus an einen solchen Gott. Dieser ist sozusagen der ideale Physiker, als welcher er schon bei Platon erfunden wurde.

3. Historische Aussagen

Historische Aussagen haben offenbar die Eigenschaft, dass sie, wenn sie in einer Situation w im Präsens wahr sind, in allen späteren Situationen im Präteritum unter Bezugnahme auf die vergangene Situation w wahr bleiben. Wenn heute, am 4.6.2014, in Leipzig heller Sonnenschein herrscht, wird dies, wie gerade auch Frege betont, auf ewig wahr bleiben, egal, ob wir es wissen werden oder nicht. Es wird also wahr bleiben, dass am 4.6.2014 in Leipzig heller Sonnenschein *herrschte*. Das ist ein absolut nicht triviales logisches Moment empirischer bzw. historischer Aussagen. Die Sätze, in denen wir die Aussagen artikulieren, müssen natürlich von der Gegenwartsform in die Vergangenheitsform transponiert werden, so wie ein «hier» zu einem «dort» wird, wenn die Perspektive von mir zu dir geändert wird oder ich mich von hier nach dort begebe. Entsprechendes gilt für «jetzt» und «damals» bzw. «dann» und «jetzt».

Offenbar sind alle empirischen Aussagen wesentlich ‹indexikalisch›, wie der *terminus technicus* für Anwendungen von Sätzen lautet, welche situationsbezogene Personal- oder Demonstrativpronomina wie «ich» und «dies», «hier» und «jetzt» entweder explizit enthalten oder implizit in anaphorischen Rückbezügen auf die gegenwärtige Sprechsituation unterstellen. Wir sehen damit: Alle unsere empirischen Aussagen beziehen sich auf unseren Weltzugang mehr oder minder von heute her – so dass das Empirische und das Indexikalische (Demonstrative) am Ende dasselbe sind. In gewissem Sinne sind empirische Aussagen immer auf mich oder dich bezogen. Sie sind es gerade deswegen, weil sie immer zeit- und ortsabhängig, also durch *historische* Sätze *post hoc* zu artikulieren sind. Damit stehen sie schon in einem gewissen Kontrast zu Strukturaussagen. Ihre Grundlage bilden deiktische Konstatierungen im Präsens. Diese wiederum sind in gemeinsamen demonstrativen Wahrnehmungsurteilen fundiert. In ihnen nehmen wir Bezug auf eine wirkliche Anschauung von *realen* Dingen oder Situationen in *präsentischen* Prozessen. Man denke als Beispiel an Aussagen der folgenden Art:

> Was hier und heute, sagen wir am 4.6.2014, auf meinem Schreibtisch liegt, ist ein Amethyst. Er funkelt dunkelrot im Licht des Sonnenuntergangs.

Man muss offenbar lernen, dass bzw. unter welchen Umständen die *gleiche* Aussage ausgedrückt wird, wenn ein anderer sagt:

> Was dort und damals, am 4.6.2014, auf deinem Schreibtisch lag, war ein Amethyst. Er funkelte dunkelrot im Licht des Sonnenuntergangs.

Wie steht es dann aber mit einer empirischen Prognose der folgenden Form?

> Was am 4.6.2024 abends auf dem Schreibtisch liegen wird, wird ein Amethyst sein. Er wird dunkelrot im Licht des Sonnenuntergangs funkeln.

Der Satz kann wahr werden oder auch nicht, je nachdem, ob ich den Stein wegräume bzw. ob es einen Sonnenuntergang und damit den Prozess des Funkelns geben wird oder eben nicht.

Die Form einer wirklich empirischen Aussage ist wohl sogar immer so, dass es eine Zeit t und eine Situation w gegeben haben muss, in denen es in einem gewissen, hier nicht weiter diskutierten Sinn noch möglich war, dass sowohl die Aussage als auch ihre Verneinung wahr werden würde. Wäre die Wahrheit der Aussage mit ‹dem Urknall› schon determiniert, so gäbe es im Prinzip ein System ‹ewiger Sätze›, mit dem man die Aussage aus einer Beschreibung des Urknalls ableiten können müsste. Man kann das glauben, wie man alles glauben kann. Es ist nur nicht sehr sinnvoll und in seiner transzendenten Idealität weit weg von jedem realistischen Begriff des vorhersagenden Erklärens. Der Wechsel in die ontische Rede über Ursachen in der Welt und damit darüber, wie die Welt möglicherweise an sich sei, jenseits von unserem Wissen, also so, wie sie einem allwissenden Gott zugänglich sein soll, führt nur zu einem willkürlichen transzendenten Glauben, was im Grunde schon Kant klar gesehen hat. Zuvor hatte Aristoteles erkannt, dass alle empirischen Aussagen in dem von uns erläuterten Sinn trotz gewisser relativer kausaler Erklärbarkeiten als solche immer auch *kontingenterweise wahr* sind. Es gibt nämlich immer eine Zeit, aus der es noch nicht sinnvoll ist anzunehmen, dass die Wahrheit einer Aussage determiniert wäre. Dennoch lassen sich zu einer bestimmten Zeit einige Prognosen sinnvoll behaupten, einige zukünftige empirische Ereignisse von heute her mit sehr guten Gründen kausal vorhersagen.

Dabei sind die Wörter «kausal», «Ursache» und «Erklärung» durchaus vage. Sie verweisen immer nur irgendwie auf die Herausstellung des kontinuierlichen Zusammenhangs von allem empirischen bzw. zeitlichen Geschehen in der einzigen Welt, die den Rahmen bildet für alles, was es in ihr empirisch gab, gibt und geben wird. Man kann das auch so sagen: Die Welt ist zu der Zeit t in der Frage, ob zu der späteren Zeit t* diese oder jene von t her futurische Aussage gelten wird oder nicht, manchmal noch gar nicht festgelegt, manchmal schon. An ebendiese allgemeine Form der Welt und der empirischen Ereignisse in ihr ist unsere logische Grammatik der Sprache in ihrer engen Verbindung des Futurs mit den Modalitäten des Möglichen angepasst. Nicht ein willkürliches Weltbild, sondern eine breite Welterfahrung ist in dieser Grammatik niedergelegt.

Es gibt also durchaus auch empirische Prognosen, von denen wir sagen könnten oder sogar sagen sollten, dass sie von heute her mit Notwendigkeit eintreten werden. Alle wirklich kausal notwendigen Folgen unseres heutigen kontingenten Tuns sind von dieser Art. Falls der menschengemachte CO_2-Ausstoß zusammen mit anderen von uns seit der industriellen Revolution bis heute verursachten Treibhausgasen eine kausal notwendige Bedingung dafür ist, dass im Jahr 2150 die Eiskappe des Nordpols abgeschmolzen ist, und wenn er auch eine hinreichende Bedingung ist, dann hätten wir Menschen bis heute schon dafür gesorgt, dass die Eiskappe des Nordpols abschmilzt. Wir wären dann dafür verantwortlich, freilich ohne dass damit schon ein einzelnes Individuum dafür verantwortlich zu machen wäre. Und es wäre heute schon prognostizierbar und in diesem Sinn wahr bzw. wissbar, dass die Eiskappe abschmelzen wird. Dennoch wäre es insgesamt eine empirisch-kontingente Aussage, dass bis im Jahr 2150 die Eiskappe abgeschmolzen sein wird, da es, nach unserer Schilderung der Situation, empirisch und historisch kontingent ist, dass die Menschen ihre industrielle Revolution so ausgestaltet haben, dass die genannten Folgen eintreten ‹müssen›.

Anders liegt der Fall, wenn wir durch unser Tun von heute an bis, sagen wir, im Jahre 2050 sowohl dafür sorgen könnten, dass die Eiskappe erhalten bleibt, als auch dafür, dass sie schmilzt. Dann wäre heute noch nicht kausal prädeterminiert, was geschehen wird, unabhängig davon, wofür wir angesichts der kausal notwendigen Folgen unseres Tuns tätig sorgen. Und wieder könnte es so sein, dass wir alle gemeinsam für den Erhalt des Eises im Nordpolarmeer sorgen könnten, ohne dass ich oder auch nur wir Deutschen das könnten. Die Verantwortung in kollektiven sozialen Entscheidungen, Handlungen und Prozessen ist, wie wir an der Grammatik des «dafür sorgen, dass eine Aussage wahr wird» sehen können, manchmal eine ebenso komplexe Angelegenheit wie das Gesamtsystem unserer institutionellen Kooperationsformen. Nicht anders steht es mit rein kausalen Ursachen. Wer ‹weiß ganz sicher›, ob nicht doch andere Faktoren für die Erderwärmung (mit-)verantwortlich sind? Wir können hier nur nach unseren besten Möglichkeitsszenarien urteilen und handeln.

4. Situationsabhängige Notwendigkeit und Sätze als Situationsprädikate

Schachtelungen der Modaloperatoren wie in dem Fall «Es ist möglich, dass es notwendig ist (oder wird), dass φ» werden in der Regel so gedeutet, dass man die Aussagen sozusagen als Situationsprädikate auffasst, so wie «Es regnet» in manchen Situationen wahr ist, in anderen falsch. In den Äußerungen ‹verschlucken› wir sozusagen die Bezugnahme auf die Sprecherperspektive und Sprechersituation. Sie bleiben also zumindest zunächst immer bloß implizit, das heißt, sie werden im Sprechakt selbst nicht genannt. Im reflektorischen Rückblick auf einen konkreten Vollzug einer Sprechhandlung müssen sie dann aber doch dingfest gemacht werden. Diese Beobachtung führt zu einer sogenannten *indexikalischen Semantik*, deren erste Motivationsschritte eben skizziert wurden.

Die Modalaussage «Es ist möglich, dass φ», symbolisch vertreten durch die Formel «◇φ», wird dann so gelesen, als würde implizit über einen Bereich von möglichen Welten oder besser Situationen w quantifiziert. Damit wird der Satz φ zu einem *elliptischen Ausdruck* für ein zugehöriges Situationsprädikat φ*(w), das grob dasselbe besagt wie «φ ist wahr in w». In diesem Übergang von Sätzen φ zu Situationsprädikaten φ*(w) als ‹Funktionen› von Welten in Wahrheitswerte sehen wir, wie die Spezialterminologie der formalen Modallogik und Sprachphilosophie des 20. Jahrhunderts Propositionen metonymisch als ‹Mengen möglicher Welten› auffasst.

Empirische Sätze sind gerade so als Situationsprädikate zu verstehen. In einer ersten Näherung wird dann der Satz «Es ist möglich, dass φ» bzw. «◇φ» gleichgesetzt mit «Es gibt eine (von hier und heute erreichbare) mögliche Welt oder Situation w, in der φ gilt» bzw. «∃w.φ*(w)». Entsprechend liest man «Es ist notwendig, dass φ» als: «In allen (von hier und heute erreichbaren) möglichen Situationen w gilt φ» bzw. «φ*(w)». Man schreibt dafür «□φ» oder «∀wφ*(w)». Wir können dann noch das Zeichen «<» einführen, um durch die Ausdrucksform «$w_i<w_j$» auszudrücken, dass die Situation w_j von der Situation w_i her eine ‹mögliche Zukunft› oder ‹erreichbare Möglichkeit›

ist. Es liegt dann nahe, den modallogischen Satz «Es ist möglich, dass es notwendig ist (oder wird), dass φ» logisch wie folgt zu deuten: Von der Situation w_0 seiner Äußerung her gibt es eine mögliche Zukunft, also eine noch zugängliche mögliche Situation w_1, mit der Eigenschaft, dass in allen Situationen w_2, die von w_1 zugänglich sind, für die also $w_1<w_2$ gilt, φ ‹gilt›, d. h., dass das zu φ gehörige Situationsprädikat $\varphi^*(x)$ auf w_2 zutrifft. Das aber bedeutet, dass die modallogisch komplexe Ausdrucksform «$\Diamond\Box\varphi$» die folgende quantorenlogische Form erhält: $\exists w \forall w'. w<w' \rightarrow \varphi^*(w')$. Der Gebrauch dieser Ausdrucksform in der Bezugssituation w_0 erhält die Form $\exists w \forall w'. w_0<w \& w<w' \rightarrow \varphi^*(w')$. und repräsentiert jetzt explizit, in Satzform, die Aussage, dass es hier und jetzt, also in der Situation w_0, empirisch möglich ist, dass φ (für alle spätere Zukunft) notwendig ist.

Wir betrachten nun noch Aufforderungen, etwas zu tun. Diese haben die folgende Form: «Ich fordere dich hiermit auf, dass du dafür sorgen mögest, dass φ.» Offenbar sind die Sätze φ, welche die entsprechenden Erfüllungsbedingungen der Aufforderung artikulieren, empirische, zeitabhängige Sätze, die, wie wir kurz sagen, mal falsch, mal wahr sein können.

Was in einer immer bloß verbal und allgemein bestimmbaren ‹möglichen Welt› alles gilt, ist überhaupt nicht festgelegt. Das betrifft auch die von Hilary Putnam vorgestellten Fälle von ‹Zwillingswelten›, ‹Gehirnen im Tank› o. Ä. Dabei ist völlig unklar, was man hier ‹folgern› könnte. Man kann hier ‹Folgerungen› nur willkürlich zuschreiben, der Geschichte hinzufügen, so wie man auch Romane willkürlich weiterschreiben kann, etwa indem man von den Großeltern des Sherlock Holmes erzählt. Wäre das die Botschaft von Hilary Putnam, hätte er sicher recht. Doch seine kontrafaktischen Romane bergen viele neue Gefahren der Mystifizierung, etwa in einem naiven ‹Externalismus›, dem zufolge eine reale Zukunft festlege, was alles aus heutigem Wissen objektiv und material *folge*, im Kontrast zu dem, was wir armen unwissenden Menschen angeblich bloß subjektiv *folgern* und faktisch erwarten. Das *begriffliche* Folgen lässt sich freilich nie nur auf ein rein verbalanalytisches Inferieren aus willkürlichen Definitionen reduzieren. In unseren Erwägungen ernst zu nehmender Möglichkeiten stützen wir uns vielmehr auf materialbegriffliches Allgemeinwissen über unsere Welt. Was in ‹anderen Welten› begrifflich zu folgern wäre, wissen wir nicht, und zwar weil von uns her alles materiale Folgern in bloßen Fiktionen rein beliebig wird. Das zeigt, warum rein formalanalytische Konsistenzen nie ausreichen, um ernst zu nehmende Möglichkeiten zu definieren: Es bleibt hier sozusagen immer alles möglich. Wir verstehen ebendeswegen auch nichts mehr, wenn wir uns eine Welt voller Götter und Engel, Zombies und Zeitreisender vorstellen. Anders gesagt: Alle *Science-Fiction*-Geschichten enthalten rein willkürlich Setzungen und sind damit rein langweilig. Ebenso willkürlich sind die Geschichten postchristlicher Sekten, vom Islam bis zu den Mormonen Joseph Smiths. Die Parallelisierung zeigt, warum jede Sinnkritik kollabiert, wenn nur noch formal analytisch argumentiert wird.

Mit empirischen Sätzen unterscheiden wir Situationen. Indem wir dies tun, verwandeln sich die Sätze im situationsbezogenen Gebrauch in Situationsprädikate. Aufgrund der modalen Struktur der Zeit verwandeln sich empirische Möglichkeiten und kontingente Aussagen im Präsens in historische Aussagen, die *post hoc* für alle weitere Zukunft als notwendig wahre Bedingungen der weiteren Möglichkeiten anzusehen sind.

5. Generische Sätze als materialbegriffliche Schlussregeln

Die zeitallgemeinen oder situationsinvarianten Sätze unserer wissenschaftlichen Theorien sind per definitionem nicht empirisch im engen Sinn des Wortes. Zu ihnen gehören zunächst die schon betrachteten analytisch wahren Sätze und die apriorischen Wahrheiten der reinen Mathematik. Mit ihnen kann man sozusagen *immer* formal, auf der Ausdrucksebene, rechnend schließen, allerdings nur ideal und prinzipiell, also ‹an sich›. Für die empirische Anwendung der Arithmetik gilt nämlich die nicht triviale Voraussetzung, dass den Zahlen relativ stabile Anzahlen von zählbaren Mengen entsprechen müssen. Das heißt, wir unterstellen halbsortale Gegenstandsbereiche. Für die empirische Anwendung mathematischer Sätze irgendeiner Geometrie (zunächst der euklidischen) gilt, dass die idealen oder theorieinternen geometrischen Formen gut genug an den betrachteten Körpern oder in den leeren Räumen zwischen den Körpern realisiert sein müssen. Das ist nur dann der Fall, wenn wir von der Bewegungszeit der Informationsvermittlung im Raum der sich relativ zueinander bewegenden Körper absehen können. Wo das nicht möglich ist, wo also ein in unseren Relevanzbetrachtungen als ausreichend zu wertender Begriff der Gleichzeitigkeit *nicht* raumunabhängig bestimmt werden kann, kann man sich bei Raumausmessungen und Raumformbestimmungen nicht auf die Formen der idealen Geometrie beschränken, mit ihren drei Dimensionen und einer einzigen Zeit, die durch eine Zeitlinie dargestellt wird.

Zu den ‹ewigen›, d. h. zeitallgemeinen Sätzen gehören immer auch ‹generische› Sätze. Im Fall universal-generischer Aussagen sagen sie, was für *jeden* Gegenstand oder *jedes* Element eines Genus oder einer Gattung von Gegenständen *ohne Ausnahme* gilt. Im Fall nicht-universaler generischer Aussagen sagen sie, was für das Genus *im Allgemeinen* gilt und damit für die Mitglieder des Genus normalerweise wahr ist; solche Aussagen lassen auch Ausnahmen zu. Diese aber werden sozusagen den einzelnen Anwendungssituationen überantwortet. Das heißt, wir brauchen Urteilskraft und Wahrnehmungskontrolle bei der Anwendung generischen Wissens.

Taxonomische Aussagen sind etwa von der Art, dass Löwen keine Hunde sind oder dass echte Tierarten disjunkte Klassen bilden (sofern man nicht zu weit in die Vergangenheit zurückgeht). Paradigmatisch für universal-generische Sätze sind Sätze, die besagen, dass niemand und nichts in die Vergangenheit reisen (oder das Vergangene ungeschehen machen) kann, dass alles in der Welt endlich ist, dass man Zeit braucht, um sich von einem Ort zu einem anderen zu bewegen oder dass es kein Perpetuum mobile gibt. Die tiefe Wahrheit dieser Sätze, die alle nicht rein definitorisch-konventionell oder analytisch, aber auch nicht einfach ‹empirisch› wahr sind, ist uns jeweils erst relativ spät bewusst geworden (wenn überhaupt). Sie schränken reale Möglichkeiten absolut ein und unterscheiden reale Möglichkeiten von bloß verbal fingierten. Wir können sie ‹immer› für ‹jedes Schließen› verwenden, sofern wir uns im Bereich der Rede über die reale Welt befinden. Das hat z. B. zur Folge, dass schon die Rede von einem ewigen Leben metaphorisch oder fiktional sein muss, also bestenfalls als ein von uns konstruierter Mythos verstehbar ist.

Nicht-universale generische Sätze kann man auch als material-generische ansprechen. Ein Beispiel wäre etwa das folgende: Katzen haben, wie alle Säugetiere, vier Extremitäten (Beine), zwei Lungen und zwei Nieren. Sicher gibt es kranke Tiere mit nur drei Beinen oder nur einer funktionierenden Niere – das ist nicht unmöglich. Dennoch gehört das Normalfallwissen über die Körperteile von Säugetieren zum materialbegrifflichen generischen Wissen über diese Tiergattung bzw. Tierfamilie. Insofern gelten nicht alle materialbegrifflichen Sätze oder generischen Inferenzformen *mit Notwendigkeit*: Es wird nicht immer jede mögliche Alternative aus dem Bereich der einzig realen innerweltlichen Möglichkeiten ausgeschlossen. Im Normalfall aber erlauben sie uns, aus der empirischen Aussage, dass die Wesen dort und dann Säugetiere sind, zu *schließen*, dass diese Wesen je vier Beine und zwei Nieren haben. Das kann in dem Fall wichtig werden, dass uns an einer inferentiellen Abschätzung der Anzahl der Beine oder Nieren im Ausgang von der Anzahl der Tiere gelegen ist. Es gibt dann aber auch Sonderfälle, in denen das Wissen um die Grenzen dieser Normfallschlüsse wichtig wird. Wenn wir wissen, dass ein Sonderfall vorliegt, müssen wir das in der Regel explizit sagen.

Damit verstehen wir auch den Grund dafür, dass es im empirischen Informieren so etwas wie ein *nicht-monotones Schließen* gibt. Monoton schließen wir, wenn wir aus einer Aussage der Form $\varphi\&\psi$ sozusagen mehr, jedenfalls nicht weniger erschließen können als aus den jeweiligen Einzelaussagen φ bzw. ψ. Jede reine Klassifikationslogik ist monoton, das heißt, zusätzliche Bedingungen verkleinern die Klasse bestenfalls. Da nun aber materialbegriffliche Normalfallinferenzen oder sogenannte Defaultschlüsse nur allgemein für generische Fälle oder hinreichend gute Paradigmen (Prototypen oder gar Idealfälle) gelten, können zusätzliche Informationen die Zulässigkeit eines solchen Normalschlusses für den besonderen Fall sozusagen einklammern. Während meine Tochter aus meinem Versprechen, zu Weihnachten einen Hund geschenkt zu bekommen, schließen kann und darf, dass es ein lebender und gesunder Hund ist, kann sie das nicht mehr, wenn ich zusätzlich sage, aber der Hund sei krank oder gar bloß ein Plüschhund. Wenn man daher, wie Frege, das «aber» als ein «und» liest, würde hier aus $\varphi\&\psi$ sozusagen weniger als aus φ folgen. Das zeigt zugleich, warum ein Sprecher verpflichtet ist, dem Hörer bekannte Zusatzinformationen explizit zu machen, wenn diese relevante Normalfallerwartungen einschränken. Das ist ein zentrales logisches Formmoment dialogischer Kommunikation, also der ‹*Dialektik*› des Sprachgebrauchs, wie er auch unter dem Titel «Pragmatik» diskutiert wird.

Das Besondere der formal ‹ewigen› Sätze oder *standing sentences* besteht nicht darin, dass sie über alle zukünftigen Situationen etwas aussagen, sondern dass wir sie für das Erschließen von Tatsachen bzw. für die Bildung vernünftiger Erwartungen aus empirischen Aussagen allgemein benutzen (dürfen), und zwar auf der Basis der in den empirischen Sätzen vorkommenden Begriffe. Das gilt für analytische Sätze ebenso wie für synthetisch apriorische im Sinne Kants, für universal-generische, aber auch für bloß material-generische. Die relevanten Wörter können so einfach sein wie die Tierartnamen «Hund» und «Katze» oder schon so komplex wie unsere Angaben von Orten und Zeiten unter Bezugnahme auf ein empirisches Referenzsystem, im Extremfall von mir hier und jetzt aus. Noch weit komplexer sind kausale Erklärungen von Bewegungen durch wirkende Kräfte und das Wissen über die Formen der dabei wirksam werdenden Energien.

Die allgemeine sprachphilosophische Grundeinsicht besteht seit dem Beginn des Nachdenkens über die *philosophia* bei Aristoteles darin, dass diese als *Wissenschaft* Theorien entwickelt, welche *allgemeine Schlüsse* auch im schwachen Sinn des generischen oder dann auch des probabilistischen, also wahrscheinlichkeitstheoretischen *vernünftigen Schließens* erlauben. Jede

Wissenschaft ist *theoria* (früher: *philosophia*), nicht *historia*; reine Historie wäre eine bloße Sammlung empirischer Einzelaussagen (Daten). Geschichtliche Sätze, deren Geltung auf Epochen oder eingeklammerte Zeiträume und Lokalitäten eingeschränkt sein kann, werden dagegen beim Erschließen weiterer zu ‹erwartender› empirischer Aussagen benutzt, nämlich aus für wahr gehaltenen empirischen Aussagen. Wir testen die Güte der Setzungen allgemeiner Sätze dadurch, dass wir prüfen, wie gut die *allgemeinen Erfahrungen* sind, die wir im *empirischen*, d. h. je gegenwärtigen *Gebrauch* der Sätze als Schlussschemata machen oder historisch gemacht haben. Die ‹stehenden›, d. h. zeitallgemeinen Sätze fungieren dabei als *Inferenzregeln*, die im materialbegrifflichen Fall auf ein generisches Normalfallparadigma ausgelegt sind. Sie sind also nicht als universale All-Sätze zu lesen. Dabei leiten wir die allgemeinen Sätze keineswegs einfach aus Statistiken ab. Es gibt keine schematische ‹induktive Logik›. Vielmehr ist Wissenschaft eine hochkomplexe Kunst der Sprachformung. Wir formen in ihr wissenschaftliche Theorien und wählen dabei aus den vorliegenden die besten aus. Es macht keinen Sinn, von einer ideal besten Theorie oder von allen möglichen Theorien zu sprechen.

6. Normen, Sätze, Regeln

Sogar ganz einfache Regeln setzen ein implizites Können voraus. Wittgenstein zeigt das am berühmten Beispiel der Regel: «Beginne mit 0 und addiere immer 2.» Als Formel für die Zahlenfolge könnten wir die Regel auch so notieren: $a_0=0$, $a_{n+1}=a_n+2$. Diese stenographische Notation setzt natürlich voraus, dass wir erstens die Technik der Artikulation der Regeln und zweitens die ihrer Befolgung schon beherrschen. Dieser Sachverhalt führt zu allerlei Mystifizierungen.

Wer unsere ‹Regel› so befolgen zu können meint, dass er die Folge bis zur Ziffer oder Zahl 1000 wie wir, nämlich in der Form 0, 2, 4, … 998, 1000, produziert, dann aber so fortfährt: 1004, 1008, …, den schicken wir erst noch einmal auf die Schule. Es nützt ihm nichts, wenn er sagt, seiner Auffassung nach sei die Regel doch so ‹gemeint› gewesen oder so zu ‹deuten›. Er muss erst noch einmal lernen, wie die Ziffernfolge im Dezimalsystem von uns und für uns alle konstruiert ist und was es heißt, in ihr jeweils genau eine Zahl auszulassen oder, was dasselbe ist, einen Zahlterm x+2 auszurechnen. Es steht uns also nicht frei, darüber zu befinden, wie der Ausdruck «x+2» zu *deuten* sei: Er *hat* schon eine Bedeutung. Und zwar hat er sie auf der Grundlage einer allgemeinen und leicht erwerbbaren kooperationslogischen Technik. Diese liefert für alle Könner, die hier allein zählen, eine verbindliche Norm. *Verstehen* wird aus dieser Sicht zur Anwendung einer Technik.

Statt einer ‹skeptischen› Lösung der Frage, was es bedeutet, einer Regel zu folgen, welche mit David Hume und wohl auch mit Saul Kripke am Ende nur auf einen *faktischen Konsens* verweisen könnte, liefert Wittgenstein also eine kommunikations*technische* Lösung. Das personale Können, auch die Kompetenz des rechten Sprachgebrauchs und Verstehens, wird damit in seiner Abhängigkeit von einem geglückten *gemeinsamen* Leben und den geschichtlich ‹von uns› entwickelten Rahmenformen begriffen.

IV. Bedingungen der Möglichkeit gehaltvoller empirischer Aussagen

1. Markierungen der Situationsabhängigkeit

Wie Bilder und Landkarten ermöglicht uns gerade auch die Sprache, nicht gegenwärtige, sondern bloß mögliche, noch nicht realisierte Verhältnisse zu *vergegenwärtigen*, zu *repräsentieren*. Das ist von entscheidender Bedeutung für die Möglichkeit, nach einem Plan absichtlich und zielgerichtet zu handeln und dabei Wege zu gehen, deren grundsätzliche Gangbarkeit schon irgendwie allgemein bekannt ist. Landkarten sind schematisierte Bilder. Sie werden wie eine zweidimensionale Schrift oder wie Comics *gelesen*. Überhaupt sind von uns hergestellte Bilder viel sprachanaloger, als der Vergleich mit Fotografien oder Spiegelbildern nahelegt. Wer Bilder lesen kann, dem erzählen sie, wie z. B. mittelalterliche Illustrationen, eine Geschichte. Und sie werden im Kontext der Orientierung des Handelns, z. B. auch in frommen Handlungen wie einem Gebet oder einer kontemplativen Reflexion, aber auch ganz profan im Planen von zu gehenden Wegen, gebraucht.

Was wir in der Sprachphilosophie verstehen wollen, ist, wie gehaltvolle empirische, weltbezogene Sätze und Aussagen und ihre Wahrheit oder Falschheit überhaupt möglich werden. Was sind Voraussetzungen dafür, dass wir empirische Gegenstände, seien diese gegenwärtig zuhanden, irgendwo vorhanden oder auch nur möglicherweise zu finden oder herzustellen, benennen und durch Namen vertreten können? Was heißt es, empirische Aussagen als wahr zu behaupten? Und was heißt es, diese Aussagen zu verstehen, ihre Wahrheit zu prüfen oder sich auf sie zu verlassen?

Wir haben schon gesehen, dass unser Folgern vorzugsweise auf der Ebene der Prädikate stattfindet. So ‹folgt›, wenn ein Lebewesen ein Säugetier war, ist oder sein wird, dass es Lungen und Nieren hatte, hat oder haben wird. Dabei sagen wir, dass etwas *folgt*, wenn wir ein *Folgern* als richtig bewerten – wobei das «wir» ein generisches «man» ist. Das Beispiel zeigt auch, wie die Verbindung zwischen Benennungen von empirischen ‹Gegenständen› (Dingen, Lebewesen) und den ihnen zugesprochenen Prädikaten vermittelt ist durch die Zeit- und Modalstruktur der *Kopula*. Wir müssen daher die rein ‹mathematische› oder ‹apriorische› Kopula des *zeitallgemeinen* «ist» oder Epsilons («ε») als *abstrakte* Verbindung von Name und Eigenschaft in der Satzform «N ist P» bzw. «NεP» unterscheiden von der zeitbestimmten und modalen Kopula als Einsetzung für das «ε» in empirischen Sätzen. Die logische Form empirischer Sätze bzw. der empirischen Kopula spiegelt sich deshalb besser in den traditionellen Sprachformen, den Beugeformen des Verbs, als in den Formeln moderner mathematischer Logik, welche sich nur an einer zeitallgemeinen Begriffsschrift orientieren. In den Normalsprachen haben wir dagegen die Ausdifferenzierung der allgemeinen oder abstrakten Kopula in die zeitlich-modalen Formen zunächst des Präsens («ist», «hat», «tut»), des Präteritums («war», «hatte», «tat») und des Futurs («wird sein», «wird haben», «wird tun») bzw. in die entsprechenden Verbformen, die man logisch als Ausdrucksvarianten der Kopula lesen kann. Das zeigt Sebastian Rödl in seinen *Kategorien des Zeitlichen*. Hinzu kommen Modalisierungen des Konjunktivs wie z. B. in den Formen «würde», «hätte», «täte» mit den entsprechenden Ergänzungen oder Umformungen in der kanonischen Gebrauchssprache. In ihr ersetzen wir z. B. eine noch «kindliche» Ausdrucksform wie «Peter täte kommen» systematisch durch die «erwachsene» Form «Peter käme», deren rechter Gebrauch offenbar schon ein Hinweis auf eine höhere Sprachbildung ist.

Der Kontrast zwischen der bloß klassifikatorischen Kopula des ‹ist›, ‹war› und ‹wird sein› bzw. ‹hat›, ‹hatte› und ‹wird haben› und einer Prozess- oder Tu-Kopula des ‹tat›, ‹tut› und ‹wird tun› lässt sich durch eine Formel wie «NπT» notieren, wie dies auch Paul Lorenzen vorgeschlagen hat, nach dem griechischen Wort «*prattein*» für «tun». Allerdings findet sich bei Lorenzen wenig zur Deutung dieser Form «N tut T» im Kontrast zur Form «N ist P». Dabei sind auch die Kontraste der Aspekte, Zeiten und Modalitäten zu analysieren – womit der Rahmen mathematischer Logik längst schon gesprengt ist. Beispielsätze für die zweite Gruppe sind: «Peter *ist* (seit Kurzem) Deutscher» und «Paul *hatte* einen Freund», für die erste: «Franz *singt* gerade» oder «Hans *tat* es (nämlich: er hörte mit dem Rauchen auf).» Hier sind die Kopulae offenbar schon empirisch zu lesen, im Einzelbezug auf Einzelwesen. Es gibt aber auch generische, zeitlose Lesarten dieser Kopulae, wobei die generischen ist- und hat-Aussagen rein taxonomisch sind, wie im Fall «Ein / der Löwe ist ein Säugetier» oder «Ein / das Säugetier hat eine Lunge», die Tu-Kopula aber ein arttypisches Verhalten oder, beim Menschen, Handeln charakterisiert. Generische Aussagen wie «Löwen fressen Gazellen» artikulieren dann ein zeitallgemeines Verhalten der Mitglieder eines Genus oder einen Normalprozess in ihrem Leben. Sie können unsere Normalerwartungen leiten wie eine Landkarte, wenn wir sie recht gebrauchen, und liefern die

Grundlage für dispositionelle Zuschreibungen. Außerdem bestimmen sie, mit welchen typischen Sonderfällen noch zu rechnen ist. Wo es keine Gazellen gibt, fressen Löwen z. B. auch anderes Getier. Entsprechendes gilt für Sätze über Menschen, etwa der Art, dass Menschen einander vertrauen (können) und dadurch frei miteinander handeln. Ein sophistischer, auch handlungsskeptischer Sicherheitsfanatiker ‹meint› daher, dass alles Tun bloß ein versuchtes, intendiertes oder zugeschriebenes Handeln sei, weil es ja immer *scheitern* kann, also scheinbar nur zufälligerweise zur Erfüllung der Intention führt.

2. Logik der Verben

Die Logik der Verben ist damit erstens eine Logik generischer Dispositionen («Köperdinge werden durch Massen angezogen»), zweitens eine Logik präsentischer Verlaufsformen («Er ist am Wandern in den Alpen», «Er war am Abseilen im Fels, als das Seil riss»), drittens eine präsentisch-modale Vorwegnahme einer *perfektiven* Bewegung («Er geht / ging über die Straße»). Dabei sind die Besonderheiten aller *faktiven* Ausdrucksweisen zu beachten, wie etwa «ein Buch schreiben» oder «jemanden ermorden». Diese Ausdrucksweisen präsupponieren, dass das Ziel erreicht wird. Sollte das nicht der Fall sein, muss man korrigieren und abschwächend sagen, dass nur *versucht* wurde, das Ziel zu erreichen.

Ereignisse oder Prozesse korrespondieren Verbalaussagen in Verlaufsform, so wie ein Vogel dabei sein kann, zu seinem Nest zu fliegen. Der Prozess wird dabei final, auf sein Ende hin beschrieben. Das Leben eines Menschen, das als Prozess zwischen Geburt und Tod stattfindet, hat ein Ende, aber kein ‹Ziel›, sondern eben nur eine zeitliche Grenze.

Für die Philosophie der Sprache empirischer Aussagen ist also die Einsicht relevant, dass die abstrakte Kopula «ε» oder «ist» in der traditionellen Satzformdarstellung «N ist P» entweder für den Ausdruck zeitallgemeiner Beziehungen der Art «Der Löwe ist ein Säugetier» steht oder sozusagen als Vertreter für mindestens vier ‹empirische› ist-Kopulae zu lesen ist. Dabei ist ganz offenbar die Zeitangabe bzw. die Modalität der Kopula in

Bezug auf eine reale oder fingierte Sprechersituation bzw. Bezugssituation zu verstehen. Es scheint daher nur auf den ersten Blick ein Widerspruch zu sein, dass ein empirischer Satz der Art «Der Baum da ist voller Blätter» im Laufe des Herbstes ‹falsch› wird, indem der Satz «Der Baum da *war* voller Blätter» wahr wird. Der Schein ist nur eine Folge einer falschen Kommentierung unserer Sprachtechnik. Denn wir müssen den Unterschied zwischen einem Satz, einer Äußerung und einer Aussage genau genug festhalten. *Sätze* sind reproduzierbare *Ausdrucksformen. Äußerungen* sind Performationen von *Sprechakttypen.* Die Aktualisierungen sind von typischen *Sprechhandlungen* gerade dann zu unterscheiden, wenn im einzelnen Vollzug etwas auf besondere Weise schiefgeht.

Die *Aussage*, die ich in meiner Äußerung heute mache, indem ich sage: «Der Baum vor dem Fenster ist voller Blätter», zählt in der Zukunft als dieselbe wie die, dass der Baum am 7.6.2014 voller Blätter *war*. Die offenbar in ihrer Lautform *verschiedenen* Sätze artikulieren in den verschiedenen Äußerungssituationen und in ihren unterschiedlichen Bezugnahmen *die gleiche Aussage*, den gleichen *Sachverhalt* und, sofern dieser besteht, die gleiche *Tatsache*. Nicht die *Aussage* oder die sogenannte Proposition wird falsch, schon gar nicht die Tatsache oder der Sachverhalt, sondern die Aussage muss durch andere *Sätze* ausgedrückt werden, in denen z. B. eine andere Kopula und andere demonstrative Wörter (wie etwa für die Zeitrelation «damals») vorkommen. Dass das so ist, wissen wir alle. Nur ist es nicht immer einfach, dieses praktische Wissen in den relevanten Punkten ohne allzu feine Subtilitäten explizit so zu kommentieren, dass man auch die dabei oft neu zu entwickelnde Kommentarsprache angemessen versteht und richtig gebraucht.

Wir haben auch schon gesehen, dass Sätze auf Situationen wie Prädikate angewendet werden. Für einen ‹klassischen› Elementarsatz bedeutet das, dass sich ‹N ist P› als ganzer Satz φ in eine Art Situationsprädikat $\varphi^*(s)$ verwandelt. Dabei bleibt aber das Prädikat P von der Verwandlung in gewisser Weise unberührt. Ebendas ist die wichtige Form der empirischen Prädikation, wie wir noch genauer sehen werden.

Wie ist nun die Situationsabhängigkeit der *Gegenstandsbenennung* zu verstehen? Es sind zunächst nicht die *Gegenstände*, sondern ihre *Benennungen* situationsabhängig. Das heißt, man bezieht sich auf dasselbe Ding, dieselbe Zeit oder denselben Ort aus verschiedenen zeitlichen oder räumlichen Perspektiven. Und man drückt manche dieser Verschiedenheiten unter Umständen explizit durch den Gebrauch von Zeitbestimmungen der Kopula oder durch demonstrative Teilausdrücke in der Gegenstandsbenennung aus. In einem gewissen Ausmaß müssen die benannten Gegenstände dazu unabhängig von der Bezugnahme bzw. Sprecherperspektive zugänglich sein. Das heißt, in einer eingeklammerten Zeit oder ‹Epoche› sollte der Gegenstand als solcher wiedererkennbar, verschiedene Erscheinungen oder Nennungen als Präsentationen oder Repräsentationen desselben Gegenstandes verstehbar sein. Das führt uns zu einer näheren Betrachtung demonstrativer Benennungen und der Frage, wie sie sich von Eigennamen einerseits, von Kennzeichnungen andererseits unterscheiden – eine der wichtigsten Fragen jeder logisch versierten Sprachphilosophie.

3. Demonstrative Benennungen

Seit Gareth Evans' Buch *Varieties of Reference* und seinen Rückgriffen auf die Sprachphilosophie Bertrand Russells meinen viele Sprachphilosophen wie zum Beispiel auch Ernst Tugendhat in seinen *Vorlesungen zur sprachanalytischen Philosophie*, «dass die Verwendung aller singulären Termini auf deiktische Ausdrücke zurückweist». Trotz aller Vagheit des Ausdrucks wird der Fehler dieser These sofort ersichtlich, wenn man an die Namen von rein abstrakten Gegenständen wie den Zahlen oder reinen Mengen denkt. Um diese einzuführen, muss auf nichts in der realen, wahrnehmbaren Welt gezeigt werden. Es muss nur die Technik des rechten gemeinsamen Umgangs mit den *Ausdrücken* in den Sätzen und mit den formalen Wahrheitsbewertungen der Sätze gelernt und beherrscht werden. Dazu muss man zugegebenermaßen die *Ausdrücke* anschauen oder sie in der Lautsprache hören. Man muss sie so voneinander unterscheiden, dass man ihre syntaktische Form oder Tiefenstruktur als Trägerin der semantischen Form, gerade auch der Wahrheitsbedingungen, erkennt.

Die Logik demonstrativer Benennungen ist nun, wie die Logik der situationsbezogenen Kopula und damit des Tempus in Satz und Aussage, eine Logik des Kontrasts zwischen Ausdruck und Weltbezug. Denn wenn ich aus meiner Perspektive «dieser Baum hier rechts von mir» sage, musst du unter Umständen aus deiner Perspektive dort drüben «jener Baum dort rechts von dir» sagen, wobei die Konvention des Perspektivenwechsels verlangt, dass du *meine* Perspektive einnehmen musst. Denn du sagst ja, dass der Baum rechts von mir steht. Aus *deiner* Perspektive aber steht er *links* von mir. Daher sind wir so irritiert, wenn wir uns im Spiegel sehen. Wenn wir uns an die Stelle des Spiegelbildes stellen würden, müsste das, was von uns aus rechts ist, aus der anderen Perspektive links sein; es ist aber unsere rechte Seite. Das heißt, im Kommentar zu unserem Spiegelbild dürfen wir die sonst nötigen Links-rechts-Vertauschungen gerade nicht vornehmen. Offenbar muss sich jeder, der diese Sätze verstehen will, die besprochene Lage imaginativ vorstellen oder in der realen Anschauung darstellen. Ebendarauf hat Kant mit allem nur möglichen Recht hingewiesen. In der realen Welt kann man auch eine linke und eine rechte Hand absolut nicht zur Deckung bringen, auch wenn viele, wie Wittgenstein, an eine vierte Dimension denken, die es aber nur in der Mathematik, nicht in der Welt gibt. Das ist noch weit sicherer wahr als der zweite Hauptsatz der Thermodynamik.

Demonstrative Benennungen von Dingen sind also immer relativ zur Betrachterperspektive zu verstehen. Die Zuordnungen der verschiedenen Ausdrucksformen (wie «hier» und «dort», «links» und «rechts») sorgen dafür, dass die Benennungen *desselben* Dinges oder Ortes einer Äquivalenzbeziehung der sogenannten *Kovarianz* unterliegen. Das heißt, die Verschiedenheit der Ausdrücke der Benennungen («das X hier links», «das Y dort rechts») spielt eine zentrale Rolle bei der Definition und Wiedererkennung von Bezugs-, Ding- oder Ortsgleichheiten im Falle von allfälligen Änderungen der Sprecher oder ihrer perspektivischen Orte. Demgegenüber ändern sich die *Dingprädi-*

kate nicht, sondern bleiben *invariant*. Das gilt auch bei Änderung räumlicher und zeitlicher Bezugnahmen. Wie wir schon gesagt haben, sind allgemeine Prädikate daher im Allgemeinen nicht situations*indiziert*. Es gibt also nicht eigentlich ein Prädikat der Art ‹rot-hier-und-jetzt› oder ‹rot, wie ich es erlebe›. Denn wir können einen solchen Ausdruck nicht anders verwenden als etwa so: «Das x hier und jetzt erscheint mir in einer besonderen Schattierung, die ich meine in anderen Fällen wiederzuerkennen.»

Wenn wir das Tempus der Kopula ändern, tun wir dies nach der allgemeinen ‹Norm›, dass der Gebrauch empirischer Ding- und Ortsbenennungen die Beherrschung kovarianter Ausdrucksänderungen bei Perspektivenwechsel voraussetzt. Für empirische Sätze und Aussagen ist die Beherrschung kovarianter Ausdrucksänderungen des Tempus bzw. Modus der Kopula oder der analogen Ausdrucksvariationen der konjungiert-finiten Verben vorausgesetzt. Der inferentielle Gebrauch der empirischen Prädikate ist generisch-allgemein und insofern situationsinvariant. Eine universelle Regel wie die, dass ein Löwe ein Säugetier ist, gilt immer. Ein allgemeiner Satz wie der, dass Löwen Gazellen fressen, gilt normalerweise. Wenn also ein Lebewesen ein Löwe war, ist oder sein wird, war es oder ist es ein Säugetier oder wird ein solches sein. Und es ist zu erwarten, dass es Gazellen frisst, wenn diese zu haben sind und der Hunger groß genug ist.

Die Kovarianz von Benennungen und der Kopula spielt eine zentrale Rolle für die Differenz der Ausdrücke bei gleichbleibender Aussage und gleichbleibendem Gegenstandsbezug. Schon daher sind Äußerungen und nicht bloß Sätze (als bloße Ausdrücke) die Trägerhandlungen von empirischen *Aussagen*. Das ist bei anderen Redegegenständen als Dingen und Lebewesen ohnehin klar. Der damalige Regen ist ein anderer Regen als der heutige, die heutige Situation ist eine andere als die morgige usf.

Die Rede über vorhandene wie nicht-vorhandene Dinge, Ereignisse, Orte, auch Zeiten setzt also erstens ein Wiedererkennen und Unterscheiden demonstrativer *Ausdrücke* wie «dieser Hund hier», «jene Flussbiegung dort» oder «heute, Montag,

21.7.2014, 13:00 Uhr» voraus. Und sie setzt zweitens die *Zuordnung* verschiedener Benennungen, die sich in verschiedenen Äußerungen auf dasselbe beziehen, wie «Fido» oder «der Hund unseres Nachbarn» voraus.

Die Zuordnung des Gesagten zu dem Gegenstand, Ort oder Ereignis setzt ihrerseits offenbar sowohl im Verständnis demonstrativer Pronomen als auch im Verständnis der Zeitform der Kopula voraus, dass man etwas darüber weiß, wer spricht und wo sich der reale oder fingierte Sprecher befindet, da wir sonst die Bezüge demonstrativer Bezugnahmen wie «links von mir», «hier oben» usf. nicht eruieren könnten. Analoges gilt für die Gegenwart der Sprechhandlung, wenn diese z. B. durch ein Medium wie den Film aufgezeichnet wurde und gerade nur erneut abgespielt wird. Nicht anders steht es mit dem Medium der Schrift und dem Lesen von Schilderungen oder Berichten.

Es ist also, wie Rödl sagt, das kategorial Zeitliche, also das ‹Tempus› der Kopula, welches den ‹Widerspruch› auflöst, dass ein Satz, von dem wir vage sagen, dass ‹er› jetzt noch wahr sei, später falsch wird. Das geschieht zusammen mit der Differenz der Zeiten des Sprechens und des Bezugs. Die Situation später (w_2) ist eine andere Situation als die jetzige (w_1). Der Satz φ steht zwar nach wie vor für dasselbe Situationsprädikat $\varphi^*(x)$. Aber die Aussage zum Zeitpunkt t_1, die besagt, dass $\varphi^*(w_1)$ gilt, widerspricht offenbar *nicht* der Aussage zum Zeitpunkt t_2, die besagt, dass $\neg\varphi^*(w_2)$ gilt – wenn den verschiedenen Zeiten t verschiedene Bezugssituationen w entsprechen.

Demonstrative Benennungen von Dingen und Orten unterscheiden sich von Kennzeichnungen und Beschreibungen durch ihre relative Unmittelbarkeit der gemeinsamen Bezugnahme – trotz nötiger Perspektivenwechsel vom Sprecher zum Hörer. Diese gemeinsame Bezugnahme findet in einer gemeinsamen Anschauungssituation statt. Sie ist faktiv und perfektiv in einem ‹robusten› Sinn. Selbst wenn das ‹beschreibende› Hilfswort, das dem demonstrativen Pronomen durch Benennung einer Gegenstandsart seinen gemeinsamen Bezug mit absichern soll, nicht ganz zutrifft, können wir den Fehler zumeist korrigieren, indem wir von der Art- zu einer Gattungsbestimmung übergehen. Man liest etwa «jener Mann» als «jener Mensch», wenn es sich um eine Frau handelt. Man denke beispielsweise auch an eine Situation auf einer Wanderung, in der uns jemand sagt: «Schau dir diese Berge an!» Nach einiger Zeit stellen wir fest, dass die vermeintlichen Berge bloß Wolkenberge waren. Dennoch war die Bezugnahme auf das Phänomen partiell erfolgreich. So ähnlich verhält es sich, wenn wir in der Wüste gemeinsam einen See zu sehen meinen, der sich als Fata Morgana herausstellt, oder wenn wir gemeinsam einen Stab im Wasser als gekrümmt sehen, obwohl er, herausgezogen, völlig gerade ist. Die Gemeinsamkeit der Phänomene verbietet es hier, von einer bloß subjektiven Halluzination zu reden. Es ist aber der *Erfolg der gemeinsamen Bezugnahme* auf eine Sehgestalt von der *Wahrheit* der Bestimmung der gesehenen Sache oder Ursache und der zugehörigen Normalfallinferenzen zu unterscheiden.

Eine *Kennzeichnung*, welche eine falsche *Beschreibung* enthält, würde nicht referieren. Das führt zur Unterscheidung zwischen dem Bezug eines namenartigen *Ausdrucks* und der Bezugnahme eines *Sprechers*, etwa unter Verwendung des Ausdrucks «diese Frau da», obwohl die gezeigte Person ein Mann ist. Oft kann der Hörer den intendierten Bezug nachvollziehen, obwohl sich der Sprecher im Ausdruck oder in der Zeigehandlung vergreift, wie auch Davidson sieht.

4. Eigennamen und Kennzeichnungen

Singuläre Terme oder Designatoren wie Eigennamen und Kennzeichnungen stehen seit Bertrand Russells Aufsatz *On Denoting* im Zentrum von Überlegungen zur Sprachphilosophie. Während aber Russell noch meinte, dass im Grunde alle Namen als Kennzeichnungen aufzufassen sind, deren implizite Variablen im direkten Perzeptionsbezug durch deiktische Demonstrativa wie «dies da» zu belegen seien, erkannte Gareth Evans, dass wir Russells Idee der Fundierung benennender Bezugnahmen in einer *unmittelbaren* Bekanntschaft (Russells *knowledge by acquaintance*) umdeuten müssen. Oft sind die ‹Gegenstände› perzipierte *präsentische* Dinge (*«middle sized dry goods»*), aber auch Ereignisse, Gestalten oder Prozesse; doch als zu unterscheidende sind sie immer schon begrifflich bestimmt. Im Normalfall fallen daher das Wahrgenommene und der wahrgenommene ‹Gegenstand› in eins.

Semantisch wohlgebildete Kennzeichnungen sind *definite Beschreibungen* wie zum Beispiel «der Erste Konsul der Französischen Republik des Jahres 1799». Die so beschriebene Person hat den Eigennamen «Napoleon Bonaparte». Während Kennzeichnungen generell keine *rigiden Designatoren* sind im Sinne von Kripkes *Naming and Necessity*, weil es etwa auch die Möglichkeit gegeben haben mag, dass eine andere Person zum Ersten Konsul erklärt worden wäre, ist der Eigenname *rigide* in dem Sinn, dass mit der Taufe Napoleons für alle möglichen Situationen bestimmt wurde, welches Individuum Napoleon Bonaparte ist. Auf der Grundlage der Taufe und des Wissens um die Leibidentität von Personen verstehen wir, was es heißen würde zu erwägen, ob der uns bekannte Napoleon wirklich Napoleon ist, wie wir ironisch sagen mögen. Er könnte ja vielleicht auch ein der Mutter Bonaparte untergeschobenes anderes Kind sein. Auch gibt es immer mögliche Hochstapler oder Doppelgänger. Interessante Beispiele sind der historische Fall des falschen Dimitrij nach der Zeit des Boris Godunow – es gab sogar drei – und die ewigen Debatten darüber, ob es Homer gab, nämlich als der eine und einzige Autor der literarischen Endfassungen der *Ilias und* der *Odyssee*, oder ob Shakespeare der wirkliche Autor der ihm zugeschriebenen Werke ist.

Kennzeichnungen enthalten Variablen, auch wenn man das an der Sprachoberfläche nicht immer sehen kann. Denn die ‹tiefengrammatische› bzw. logische Form einer Kennzeichnung ist: «dasjenige x, auf welches die Beschreibung φ zutrifft» oder «das x, welches die Eigenschaft $\lambda x.\varphi(x).$ hat». In Formelschreibweise könnte man das so notieren:

$$\iota x.\varphi(x). \text{ bzw. } \iota x.x\varepsilon\lambda x\varphi(x).$$

In Übernahme der Analyse von Frege gibt Russell einem Satz mit einer solchen Kennzeichnung, also einem Satz der Form «Dasjenige x, auf das die Beschreibung φ zutrifft, hat die Eigenschaft $\lambda x.\psi(x).$», folgende Wahrheitsbedingung: (*) «Es gibt ein und nur ein x mit der Eigenschaft φ, für welches ψ gilt.» In Formelschreibweise lautet (*):

$$(\exists x)(\varphi(x)\&\forall y.\varphi(y)\rightarrow y=x.\&(\psi(x)).$$

Dieses Schema wird oberflächensprachlich ‹abgekürzt› durch die Ausdrucksform $\psi(\iota x\varphi(x))$, die ihrerseits die Oberflächenstruktur $\psi(M)$ hat mit $M \equiv \iota x.\varphi(x)$. Die logische Tiefenstruktur ist (*).

Russells Lesart hat zur Folge, dass ein *verneinter Oberflächensatz* wie z. B. «Der Zweite Konsul war *kein* schlechter Politiker» zwei unterschiedliche *logische Tiefenstrukturformen* erhält. Nach der ersten ‹Übersetzung› besagt der Satz: «Es gab eine und nur eine Person, die Zweiter Konsul war, und diese war *kein* schlechter Politiker», oder, als Formel:

$$(\exists x)(\varphi(x)\&\forall y.\varphi(y)\rightarrow y=x.\&(\neg\psi(x)).$$

Diese Aussage ist falsch, weil es überhaupt keinen Zweiten Konsul gab. Nach der zweiten Lesart oder übersetzenden Formalisierung besagt der Satz: «Es ist nicht so, dass der Zweite Konsul ein schlechter Politiker war.» Die entsprechende Aussage $\neg(\exists x)(\varphi(x)\&\forall y.\varphi(y)\rightarrow y=x.\&\psi(x))$ ist wahr, gerade weil es keinen Zweiten Konsul gab.

5. Präsuppositionen

Es gibt also eine wichtige Zweideutigkeit der Verneinung, besonders im Blick auf den Umgang mit Kennzeichnungen und Prädikatverneinungen. Allerdings ist fraglich, ob es in unseren Sprachen überhaupt einen Unterschied zwischen einer Satz- und einer Prädikatverneinung gibt. Denn wo es einen Unterschied geben soll, wird die sogenannte Satzverneinung zu einem metastufigen Urteil, das besagt, dass etwas am Satz oder der Äußerung unrichtig ist, was auch heißen kann, dass die Ausdrucksweise sinnlos ist. Damit aber widerspricht man dem *Standardgebrauch der Negation*, des «nicht» oder «¬». Wir schließen nämlich im Standardgebrauch automatisch so, wie wir formal mit der Prädikatverneinung ‹rechnen›. Der griechische Logiker Parmenides hat ebendas wohl als Erster gesehen. Damit erkannte er die in unseren Sprachen für den Normalfall als erlaubt erklärte kanonische Inferenzform: Wenn ein verneinter Satz falsch ist, ist der bejahte Satz wahr. Wir schließen daher sogar aus «Es ist falsch, dass der Zweite Konsul nicht kahlköpfig war» auf: «Der Zweite Konsul war kahlköpfig», wenn wir das «Es ist falsch» als objektsprachliche Verneinung lesen und nicht bloß als eine metastufige Verwerfung des Satzes, die man früher auch «unendliche Verneinung» genannt hat. In Formelsprache nimmt die kanonische Form der objektstufigen oder eben endlichen Satzverneinung die Form einer Prädikatverneinung an, und zwar vermöge der folgenden Regel:

(**) Wenn $\neg\psi(M)$ nicht wahr ist, ist $\psi(M)$ wahr.

Dieses kanonische Schema ist eine nicht triviale inferentielle Regel für einen Standardgebrauch der Negation «nicht». Es ist die Regel des ausgeschlossenen Dritten für Negationen. Was in (**) für beliebige singuläre Terme M formuliert ist, verwandelt sich in eine Identität von Satz- und Prädikatnegation. Dies widerspricht der Russell'schen Analyse der Kennzeichnungen (*) insofern, als (**) nur dann gilt, wenn die Kennzeichnung M, wie wir sagen wollen, *semantisch wohlgebildet* ist. Und das verlangt, dass die sogenannten Präsuppositionen der Existenz und Eindeutigkeit erfüllt sind. Das Problem zeigt sich am Beispiel des Satzes: «Der Zweite Konsul war kein schlechter Politiker.» Wenn man nämlich den Satz im Sinne der Form $\neg\psi(M)$ mit $M :\equiv$ «der Zweite Konsul» liest, tendiert man dazu, nach (**) so zu schließen: «Also war er ein guter Politiker.» Doch das ist falsch, da es keinen Zweiten Konsul gab, also die *Existenzbedingung* $(\exists x).\varphi(x)$. als Teil von (*) nicht erfüllt ist.

Es war wohl eine Beobachtung dieser Art, welche Parmenides dazu führte, das folgende absolut grundlegende logische und argumentationstheoretische Prinzip zu formulieren: Sprich nur von dem, was es gibt! Nur dieser sprachphilosophische oder dialektische Grundsatz verhindert sophistische Fehlschlüsse gemäß Regel (**) und löst allerlei philosophische Paradoxien auf. In der Rezeptionsgeschichte wird Parmenides aber leider zumeist ‹ontologisch› missdeutet. Man weiß nicht (mehr), dass er im ersten Teil seines einzigen überlieferten Gedichts über die Logik eines zeit- und situationsunabhängigen Wissens, also die Wahrheit von der

Form nach ‹ewigen› Sätzen (*standing sentences*), wie in einer mathematischen Theorie spricht. Dabei zeigt ihm Homers logisches Spiel mit dem Wort «Niemand», dass nicht alle Ausdrücke, die an der Oberfläche wie Namen aussehen, auch wirklich etwas benennen. Im zweiten Teil des Gedichts geht es um situationsabhängige Aussagen über das, was uns in der Welt real empirisch erscheint, und nicht, wie manche übersetzen und meinen, um einen Schein im Kontrast zu einem wahren Sein. Ohne diese Vorgeschichte zu kennen, greifen Frege und dann auch Peter Strawson in seinem Aufsatz *On Referring* den Vorschlag des Parmenides auf, namenartige Ausdrücke wie Kennzeichnungen der Form $\iota x.\varphi(x)$. für *semantisch nicht wohlgeformt* zu erklären, wenn entweder die eben genannte *Existenzbedingung* oder die zweite Bedingung in (*), die *Eindeutigkeitsbedingung* $\forall y.\varphi(y)\rightarrow y=x.$, im relevanten Gegenstandsbereich G der Variable x nicht erfüllt ist.

Die Existenz- und die Eindeutigkeitsbedingung erweisen sich als *Vorbedingungen* oder, wie Strawson sagt, als *Präsuppositionen* dafür, dass der namenartige Ausdruck M semantisch wohlgeformt ist und, wie Frege dazu terminologisch sagt, eine Bedeutung$_F$ hat. Der Index, der auf Freges besonderen Gebrauch verweist, ist wichtig. Denn er besagt terminologisch gerade, dass das Prinzip (**) erfüllt ist für Sätze, in denen M in semantisch wohlgeformter Weise vorkommt, wenn wir mit Russells Regel (*) rechnen. Diese Regel gibt also durchaus die rechten Geltungsbedingungen für wahre und für semantisch wohlgeformte Kennzeichnungen an, nicht aber für Terme, welche die Präsuppositionen der Eindeutigkeit und Existenz nicht erfüllen. Derartige Terme sind als Kennzeichnungen falsch gebildet und sollten als in G bedeutungslos$_F$ behandelt werden.

Die Bedeutung$_F$ ist der Bezug des (semantisch wohlgebildeten) singulären Terms M in G. Sie ist der durch M in G benannte Gegenstand. Wenn es in G keinen (eindeutigen) Gegenstand gibt, der durch M (in seinem Gebrauch) benannt ist, hat der Ausdruck M (in dem konkreten Gebrauch und in G) *keine* Bedeutung$_F$, also keinen Bezug, keine Referenz oder keinen ‹Referenten› im relevanten Bereich. Er darf also in Sätzen nicht vorkommen. Wenn er doch vorkommt, ist der Satz nicht im normalen Sinn falsch, sondern ebenfalls bedeutungslos$_F$. Der Satz ist damit sozusagen durchzustreichen. Er ist nicht eigentlich zu verneinen. Im inferentiellen Kontext ist er eine Sackgasse, denn wir dürfen nicht weiter nach den üblichen logischen Schemata wie (**) schließen oder inferentiell mit dem Satz ‹rechnen›. Insofern verhält sich ein Satz, in dem eine semantisch nicht wohlgeformte Kennzeichnung vorkommt, inferentiell durchaus anders als seine Russell'sche Paraphrase oder Analyse (*) mit Quantoren, was Frege und Strawson besser gesehen haben als Russell und der frühe Wittgenstein.

Ob ein namenartiger Ausdruck referiert oder nicht, hängt offenbar ganz davon ab, auf welchen *Satz- und Aussagebereich* wir uns beziehen, und das heißt zugleich, von welchem *Gegenstandsbereich* G wir sprechen. Da Frege und dann auch Russell von einem schon als gegeben unterstellten sortalen Universalbereich, einem *universe of discourse* aller Gegenstände, ausgehen, können sie diese Abhängigkeit gar nicht angemessen artikulieren. Dabei würde das Prinzip, dass ein Name nur im Zusammenhang passender Sätze *und Prädikate* in einem angemessen konstituierten oder passend unterstellten Rede- bzw. Gegenstandsbereich seine Bedeutung hat, den Weg zu dieser Einsicht in die *Relativität der logischen Existenz und Referenz* schon sehr nahelegen.

In der möglichen Situation des Jahres 1799, in der, sagen wir, Lafayette der Zweite Konsul gewesen wäre, würde unser Ausdruck M auf Lafayette referieren. «Pegasus» referiert nicht in der realen Welt, aber in der ‹Welt› der griechischen Mythologie ‹gibt› es Pegasus. So gelesen, behält Alexius Meinong gegen Russells berühmte Kritik an fingierten Existenzen am Ende recht: Wir können ohne Weiteres über das Personal beliebiger Mythen quantifizieren. Ob «Homer» in der realen Welt referiert oder nicht, hängt allerdings wesentlich davon ab, ob ‹seine› beiden Bücher einen einzigen Autor haben und ob dieser wirklich «Homer» hieß oder ob «Homer» vielleicht eine Sammelbezeichnung ist für eine diffuse Gruppe von Autoren, wie der Ausdruck «Nicolas Bourbaki» für eine Gruppe französischer Mathematiker steht.

Seit der Antike ist die Kritik an verdeckten Präsuppositionen die zentrale Methode sprachphilosophischer Rhetorikkritik innerhalb und außerhalb der Wissenschaften, im eigenen Denken wie in der öffentlichen Rede. Ein berühmtes Beispiel ist die Paradoxie des Lügners, d. h. der Satz «Ich lüge hiermit» bzw. «Die Aussage, die ich gerade artikuliere, ist falsch». Der Satz artikuliert keine *Aussage*, wenn wir für Aussagen voraussetzen, dass sie wahr *oder* falsch sind, genauer, dass der geäußerte Satz oder die Verneinung wahr ist. Denn die Präsupposition ist nicht erfüllt. Das zeigt folgende Überlegung: Wäre die Aussage wahr, so müsste sie aufgrund ihres Inhalts falsch sein. Es wird ja auf die vermeintliche Aussage selbst verwiesen, und es wird von ihr gesagt, sie sei falsch. Wäre sie aber falsch, so wäre sie ebenfalls aufgrund des inferentiellen Inhalts der Aussage wahr. Es folgt, dass die Äußerung des Satzes – als phatischer Akt – keine semantisch wohlgeformte Aussage artikuliert, eben weil die implizite Kennzeichnung «die Aussage» nicht richtig referiert. Sie würde nur referieren, wenn vorab für die Äußerung des Satzes zusammen mit seinen semantischen Normalfallinferenzen in konsistenter Weise festgelegt wäre, wie sie als wahr oder als falsch zu beurteilen wäre. Das aber schließt aus, dass sie *zugleich* als wahr oder falsch zu beurteilen ist. Übrigens verweist der Apostel Paulus in interessanter Weise auf eine abgeschwächte Paradoxie dieser Art, wo er sagt, ein Kreter (Epimenides) habe gesagt, dass alle Kreter lügen.

Fraglos referieren die Ausdrücke «diese Äußerung» oder «dieser Satz». Nur sind Äußerungen und Sätze *per se* noch keine Aussagen – es sei denn, wir fallen auf eine jetzt offenbare Zweideutigkeit der Rede von einer Aussage herein. Sätze mit situationsbezogenem Bezug (mit demonstrativen Anaphern wie «ich» oder «dies») sind nie *als bloße Sätze* wahre oder falsche Aussagen, sondern bestenfalls als *geäußerte* Sätze. Wenn aber in geäußerten Sätzen demonstrative oder anaphorische Pronomen wie «diese Aussage» explizit oder implizit vorkommen, dann sind diese nur dann semantisch wohlgeformt, wenn die Demonstrativa sich in der rechten Weise auf Gegenstände beziehen, für welche die ausgesagten Prädikate in der rechten Weise definiert sind. ‹Wahr› und ‹falsch› sind hier offenkundig ‹Prädikate›, welche nicht für Sätze und auch nicht für Äußerungen definiert sind, sondern nur für Aussagen. Da die impliziten demonstrativen Wörter in dem geäußerten Satz «Ich lüge hiermit» nicht auf die rechte Weise referieren, muss die Äußerung des Satzes als nicht semantisch wohlgeformt zurückgewiesen werden. Das geschieht im Prinzip auf die ganz gleiche Weise, wie man die folgenden Sätze bzw. Äußerungen zurückweisen muss: «Der gegenwärtige König von Frankreich ist nicht kahlköpfig» und «Dies ist Herr Schmidt», wenn einer in eine unübersehbare Menschenmenge zeigt.

Von Präsuppositionen der geschilderten Art sind die Bedingungen von Normalfalläußerungen zu unterscheiden, bei deren Nichterfüllung nach besonderen *Implikaturen* der Äußerungen im noch zu erläuternden Sinn von Herbert Paul Grice Ausschau gehalten wird, bevor man die Äußerung als sinnlos abtut. Wir sagen z. B. normalerweise nicht, was sich von selbst versteht. Geschieht es doch, hat es oft eine andere, spezielle kommunikative Funktion, die allerdings auch missverstanden werden kann, etwa wenn ich sage: «Schau, die Berge», und du sagst: «Die sehe ich doch selbst.»

6. Sachverhalte, Tatsachen und ihr Ausdruck im Satz

Die Rolle der Logik für die Definition von komplexen Situationsprädikaten $\varphi^*(w)$ aus Sätzen φ besteht natürlich in der ‹Reduktion› auf ‹elementare› Sätze und Prädikate. Dieser Gedanke steht hinter der Sprachphilosophie von Wittgensteins *Tractatus*, der damit Russells ‹Tiefengrammatik› für den Gebrauch von Kennzeichnungen sozusagen verallgemeinert. Die Wahrheitsbedingungen vieler empirischer Sätze sind in der Tat entsprechend als logisch komplexe Quantifikationen analysierbar. Wo es möglich ist, elementare Sätze und Aussagen der folgenden demonstrativen Art auszumachen: «Das X da ist ein Y», oder «Das X steht zu Y in der Relation Z», da kann man sagen, dass diese Sätze (elementare) Sachverhalte ausdrücken. Wenn die Aussage wahr ist, gibt sie eine *Tatsache* bekannt oder ‹bildet sie sprachlich ab›. Komplexe wahre Aussagen bilden entsprechend bestehende komplexe *Sachlagen* ab. Die Funktionsweise dieser ‹Abbildung› ist analog zu den Verteilungen der Färbungen der Pixel auf einem Bildschirm. Man denke etwa an einen laufenden Film. Im Modell der Beschreibung der Stellen auf dem Bildschirm, des Zeitpunkts und der Farbe gilt Wittgensteins Satz, dass Raum, Zeit und Farbigkeit die Formen der Gegenstände sind.

Die entsprechenden Bildbeschreibungen ‹digitalisieren› den Film in der Schrift auf rein lineare Weise und *zeigen* damit modellartig oder strukturell, wie es möglich ist, dass wir in linearen Wortsequenzen situative Zustände und Ereignisfolgen darstellen können. Es geht Wittgenstein wesentlich um die sinnkritische Einsicht, dass nur solche Äußerungen von empirischen Sätzen semantisch wohlgeformte Aussagen mit Bedeutung_F artikulieren, deren Wahrheitswerte (bzw. auf der Satzebene: Wahrheitsbedingungen) schon wohldefiniert sind. Denn sonst hat es gar keinen Sinn *auszusagen*, dass der geäußerte Satz (die Aussage) wahr ist und nicht falsch.

Die Einsicht in die Vorbedingung der (formalen) Definition der Wahrheit (des Wahrheitswertes) eines geäußerten Satzes vor jeder Erwägung oder Behauptung seiner Wahrheit ist für jeden Wissensanspruch wichtig. Im *Tractatus* behandelt Wittgenstein aber bloß *empirische* Wahrheiten und noch nicht die generischen bzw. materialbegrifflichen Sätze, die allgemein zulässige Inferenzregeln artikulieren. Diese Normalfallschlüsse geben den Ausdrücken, mit denen wir ‹deskriptive› Unterscheidungen markieren, allererst einen inferentiellen und damit modallogischen und ‹dispositionellen› Sinn. Man kann die Entwicklung der späteren Sprachphilosophie Wittgensteins so verstehen, dass ihm die Rolle materialbegrifflichen Allgemeinwissens für das Verstehen empirischer Aussagen immer klarer wurde. Denn dieses Wissen bestimmt, mit welchen Möglichkeiten wir normalerweise rechnen oder zu rechnen haben. Dabei sind Wahrscheinlichkeiten nur ein besonderer Fall generischer Aussagen, nämlich als Grobabschätzungen von im Normalfall zu erwartenden relativen Häufigkeiten.

7. Titelwörter als Nennungen und Scheinnamen

In der Frage, welche namenartigen Ausdrücke in welchen Rede- oder Gegenstandsbereichen eine Bedeutung_F haben und wie diese Bedeutung_F bestimmt ist, besteht die transzendentale Methode sprachphilosophischer Sinnkritik. Denn nur wenn diese Voraussetzung erfüllt ist, kann man die Ausdrücke als normale Benennungen von Gegenständen verstehen und behandeln.

Das zeigt sich besonders auch bei der Frage, ob «Gott» ein Name ist, etwa eine verkappte Kennzeichnung nach der Art: «Gott ist dasjenige Wesen, zu dem ein vollkommeneres nicht widerspruchsfrei denkbar ist», wie man Anselm von Canterburys Formel «*quo majus cogitari non potest*» übersetzen könnte. Kant vermag zunächst zu zeigen, dass es einen ‹ontologischen› Beweis der Existenz Gottes rein aus dieser Definition gar nicht geben kann. Was nämlich immer der Inhalt von φ ist, die Erfüllung der Existenzbedingung $\exists x\varphi(x)$ lässt sich *nie* aus einer Definition der Eigenschaft $\lambda x\varphi(x)$ folgern. Man kann nicht einfach versichern, dass $\varphi(\iota x\varphi(x))$ gilt. Das ist zwar der Fall bei jeder semantisch wohlgeformten Kennzeichnung $\iota x\varphi(x)$. Aber die Frage ist ja gerade, ob $\iota x\varphi(x)$ semantisch wohlgeformt ist, also ob und wie die Eindeutigkeits- und Existenzbedingungen als erfüllt gelten können. Um das zu prüfen, muss man metastufig nachdenken und kann nicht einfach mit den Ausdrücken objektstufig rechnen oder rein inhaltlich ‹argumentieren›. Für die Variable x in $\varphi(x)$ muss immer schon geklärt sein, was basale Belegungen N *ohne* freie Variablen sind und für welche der N der Satz oder die Aussage $\varphi(N)$ wahr, für welche falsch ist.

Es ist in einem gewissen Sinn a priori wahr, dass manche Dinge grün, manche blau sind oder dass manche Verhaltungen freie Handlungen, manche automatische Reaktionen sind. Denn sonst würde die Unterscheidung keinen Sinn machen. Es wäre dann der Begriff gar nicht definiert. Diese Überlegung kann man sich allerdings zunutze machen, um nun doch noch eine cartesische bzw. spinozistische Variante des ontologischen Gottesbeweises *gegen* Kants Kritik zu verteidigen. Wenn nämlich das vollkommenste Wesen, dessen Nichtexistenz nicht denkbar ist, als *die ganze Welt* zu verstehen ist, wie in gewissem Sinn

Spinoza vorschlägt, dann kann deren Existenz in der Tat nicht bezweifelt werden, sofern es überhaupt etwas gibt. Die Welt selbst ist natürlich kein Gegenstand ‹in der Welt›. Daher besagt der Satz «Es gibt die Welt» oder «Das Sein ist» etwas anderes als etwa «Es existieren schwarze Schwäne in der Welt». Alle Unterscheidungen sind *innerweltliche* Unterscheidungen.

In der Rede von Gott verbirgt sich aber noch ein anderer Sinn. Das vollkommenste Wesen wird nämlich oft auch als Idealisierung der Rolle des Wissenssubjekts aufgefasst. Fingiert wird damit ein ideales Wesen, das alles wissen könnte. Das Wort «Gott» wird in den beiden Fällen zu einem Titel für die Reflexion auf die folgenden zwei Aspekte der Wahrheit: Als Welt verweist das Wort auf alles, was Gegenstand von Wissen sein könnte. Als grammatisches Subjekt idealen Wissens hilft es, wie in der kontrafaktischen Rede von einem mathematischen Gott, der unendliche Zahlen und Mengen überblicken kann, die Form unserer eigenen Wahrheiten und damit des Wissens reflexionslogisch zu thematisieren.

Formal kann in unserer Sprache Beliebiges durch Nominalisierung, also den Gebrauch des bestimmten Artikels, in eine Art formalen Gegenstand der Rede verwandelt werden. Oft bleibt dabei vage, was es heißt, dem Gegenstand ein Prädikat zuzusprechen, wie etwa in dem Fall «Gerechtigkeit ist ein Gut», obwohl hier klar ist, dass damit nur gesagt ist: Was gerecht ist, ist gut. Entsprechend können wir von *dem Sein* reden oder von *dem Begriff* ‹Pferd›, von *der Tatsache*, dass es gerade regnet, oder von *der logischen Konjunktion*. Solche Nominalisierungen oder ‹Vergegenständlichungen› sind rein *sprachtechnisch* zu verstehen. Dann erkennen wir auch, warum es falsch wäre zu glauben, diese Ausdrucksformen seien sinnlos und müssten daher ausgemerzt werden.

Ein Beispiel liefert die Frage, was ‹der Sinn_F› einer Kennzeichnung t im Kontrast zu ihrer Bedeutung_F sei, sofern es eine Bedeutung_F, also einen durch t benannten Gegenstand, überhaupt gibt. Denn ‹der Sinn_F› eines Ausdrucks t (oder auch seiner Äußerung) ist bei Frege die Art und Weise der Bestimmung des Gegenstandes. Er ist nun aber selbst schon ein Abstraktum relativ zur unterstellten Relation einer Sinngleichheit zwischen namenartigen Ausdrücken oder benennenden Äußerungsmomenten. Das heißt, der Sinn eines Namens t ist gleich dem Sinn von t* genau dann, wenn t und t* sinngleich sind bzw. genauer: soweit wir t und t* als sinngleich bewerten. Es kann aber ganz verschiedene Kontexte, Interessen, Relevanzaspekte und Anwendungsbedingungen für ganz verschiedene Relationen der Sinngleichheit geben. Das heißt, im einen Kontext mag t als sinngleich zu t* zählen, im anderen nicht. Der Ausdruck «der Sinn von x» ist also ein *plastischer* namenbildender Operator, mit dem wir je nach Kontext und den dabei als relevant unterstellten Relationen der Sinnäquivalenz verschiedene Sinngleichheiten und damit verschiedene gegenständliche Sinnbegriffe bestimmen. Die Plastizität von Nominalisierungen bedeutet also, dass es keine flächendeckenden, allgemeinen oder, wie man so redet, klaren Definitionen für Gleichungen außerhalb konkreter Redekontexte gibt. Unsere Reflexionssprache ist anpassungsfähig an neue Artikulationsbedürfnisse, die sich lokal ergeben können und auf die wir lokal mit je neuen definitorischen Festlegungen und Vorschlägen reagieren können. Das gilt z.B. für alle Wörter, die auf «-heit» oder «-keit» enden, wie «Gerechtigkeit» oder «Freiheit». Sie sind Reflexionstermini, mit denen wir auf die Praxis reflektieren, in der wir zwischen gerechten und ungerechten Einrichtungen bzw. freien Handlungen und einem unfreien Benehmen unterscheiden. Für alle diese Substantive ist keine ‹Gleichheit› definiert. Ein Satz wie «Gott ist die Wahrheit» ist daher z. B. keine Gleichung. Er erläutert nur stenographisch, dass es in der traditionellen religiösen Rede über Gott immer auch um das Richtige und Wahre im metastufigen Urteilen über Handlungen und Aussagen, Institutionen und Wissensansprüche geht.

Wie flexibel und damit zugleich leicht irreführend Gleichsetzungen von Bedeutung, Sinn oder Begriff sein können, zeigt auch folgendes Beispiel: «Der Begriff des Geistes» ist die Übersetzung von Ryles Titel «*The Concept of Mind*», obwohl es beim Begriff des Geistes um die (individuelle Teilnahme an einer) gemeinsamen und geschichtlichen *Kultur der menschlichen Ver-*

nunft geht. Das Wort «*mind*» aber steht für alles Mentale, also alle *psychischen* Fähigkeiten und Erlebnisse, Empfindungen, Gefühle oder Wahrnehmungen, subjektive Urteile oder Haltungen *einzelner* Personen.

Da unser Gebrauch von Nennungen und Gleichheitsbewertungen bestimmt, was es überhaupt heißt, sich auf die Gegenstände zu beziehen, sind diese gar nicht vor und jenseits unserer Festlegung von Satzkontexten und Gleichungen bestimmt. Die Gegenstände der Rede sind nie einfach ‹von Natur› gegeben. Wohl aber passen wir unsere Festlegungen gerade im empirischen Bereich an unsere Welterfahrungen an. Wir taufen z. B. Menschen und Tiere nicht bloß für 7½ Stunden und ändern dann jeweils die Namen oder Prädikate ab – so dass etwa, was bis zum 1.1.1900 «Wilhelm» oder «Hund» hieß, seither «Friedrich» oder «Löwe» heißen möge. Und doch gibt es Fälle, in denen ein Papst oder ein Mönch sich einen neuen Namen gibt.

Alles, was wir verstehen, verstehen wir zumindest zunächst immer nur in Bezugnahme auf typische Normalfälle, bekannte und reproduzierbare oder sich reproduzierende Paradigmen. Man kann daher das Verstehen nie mit Sonderfällen oder Ausnahmen beginnen. Dennoch beziehen sich Namen auf Dinge und Lebewesen nur innerhalb gewisser Zeitepochen: Vor der Entstehung der Alpen konnte man von dem Gebirge nicht reden, so wie man sich vor dem Bau des Eiffelturms auf diesen nicht benennend beziehen konnte – höchstens in der Form eines möglichen, erst noch zu realisierenden Plans.

V. Generische Inhalte

1. Kanonisierte Normalfallerwartungen

Wenn wir Sprache verstehen, passen wir unseren Umgang mit Wörtern (Namen, Prädikaten) und auch mit kategorialen Ausdrucksformen stillschweigend an die zu besprechenden ‹Gegenstände› oder zu repräsentierenden ‹Sachen› an. Das tun wir, ohne es überhaupt zu merken. Die Gegebenheiten der Welt bilden zusammen mit unserem allgemeinen, kanonisch gelernten und dafür stereotypisierten Wissen einen immer relevanten Kontext des Verstehens. Die Welt wiederum ist nicht die Erde, schon gar nicht ein Haufen substanzartiger Gegenstände mit ihren zeitlich begrenzten oder dauernden Eigenschaften. Zur Welt gehörten vielmehr auch das Werden und Vergehen der Gegenstände selbst, relative Bewegungen der Gegenstände zueinander und ein Werden und Vergehen empirischer ‹Eigenschaften› und ‹Ereignisse›. Daher wäre eine bloß statische Logik sortaler Gegenstände und Eigenschaften ohne Tempora und ohne die Verbalaspekte der Verlaufsformen nicht ausreichend, um die Welt in ihrem Sein, d. h. in den Prozessen und teleologischen Abläufen des Lebens und Handelns, darzustellen.

Diese Beobachtung führt zu einer Kritik am *Tractatus-Modell* des empirischen oder ‹sachhaltigen› Satzes, wie es der junge Wittgenstein in Analogie zu Freges Logik der Arithmetik entworfen hat. Wittgenstein meint im Grunde, es lasse sich im Prinzip für die elementaren Sätze (das sind, grob gesagt, solche, für deren Wahrheitsbedingungen die logischen Worte «nicht», «und» und «für alle» keine Rolle spielen) *zeigen*, wann sie wahr und wann sie falsch sind. Dabei ist es irreführend, wenn Wittgenstein suggeriert, die Sätze der Naturwissenschaft seien gerade von der Form seiner sachhaltig-empirischen Konstatierungen. Es ist sozusagen das gerade Gegenteil der Fall: Die Sätze der Wissenschaften sind grundsätzlich nicht rein empirisch. Sie sind allgemein inhaltsbestimmend, indem sie als zeitallgemeine stehende Sätze Normalfallschlüsse und dispositionelle Erwartbarkeiten verschiedenster Art artikulieren. Damit sind sie das Ergebnis einer kollektiven Arbeit an *materialbegrifflichen* Unterscheidungen, die über Klassifikationsausdrücke mit Normalfallinferenzen verbunden sind. Es werden dabei orientierungslogisch und zumeist auch wertend *dichte Begriffe* erzeugt. Im Fall solcher dichten Begriffe folgt ein Sollen aus einem Sein. Das kann ein Sollen der Normalfallerwartung sein oder ein ‹moralisches› Sollen oder Nicht-Dürfen. So sind z. B. Mord und Diebstahl verboten, und Schulden sind zu begleichen. In diesem

Punkt folgen Elizabeth Anscombe und Peter Geach dem späteren Wittgenstein.

Theoretisches Wissen besteht also in einer Verbindung von Unterscheidung, Wort und materialer Inferenz (Sellars, Brandom), wobei neben Dispositionsaussagen auch Handlungsempfehlungen zu den Inferenzen zählen. Z. B. sind die Begriffe des Kraftstoffs oder des Löschmittels mehr oder weniger rein dispositionelle Begriffe. Woraus immer das Löschmittel besteht, es ist, was es ist, weil es zum Löschen taugt. Kraftstoffe können z. B. Benzin, Diesel, Äthanol und Gas sein. In normalen Begriffen aber sind das Moment der kriterialen Differenzierung und Unterscheidung und das Moment der Zuschreibung von Dispositionen oder der Wertung fast unlösbar ineinander verwoben. Das erste Moment liefert z. B. die Bestimmung, was etwas *ist* (sagen wir, ein Berglöwe), das zweite, was von ihm zu erwarten ist und wie es *existiert*, sagen wir, als Raubtier in der Wildnis der Sierra Nevada. Das erste Moment bestimmt eine *Art*, das zweite ein *Wesen*. ‹Wesen› steht hier nicht für eine mystische Hinterwelt, sondern für eine Seins- oder Artform, generisch beschrieben in verhaltenstheoretischen Sätzen. Michael Thompson spricht von ‹*natural history judgments*›. Als generische *standing sentences* sind diese aber nach unserer Unterscheidung eher als theoretische Sätze, nicht als historische Aussagen zu werten.

Was aber ist ein Artwesen? Woher ‹kennen› wir es? Das scheint eine ‹ontologische› Frage zu sein, zunächst aber ist es eine sprachphilosophische Frage. Denn es ist die Frage nach der Form unserer Darstellungen *generischer Prozessverläufe* im Kontrast zu bloßen *Gegenstandsbenennungen* und *Gegenstandsklassifikationen*.

Wir sehen, dass in die Logik der Sprache basale Tatsachen der Welt, fundamentale kategoriale Differenzierungen wie zwischen Gegenständen, Eigenschaften, Verlaufsprozessen (Ereignissen) und final-faktiven bzw. perfektiven Verhaltungen von Lebewesen und Menschen schon eingelassen sind. Ereignisse sind dann epochal eingeklammerte Verläufe. Konkreten Ereignissen korrespondieren Zeiten im Sinne eines Zeitintervalls – wobei im *offenen* Intervall, wie in jedem Leben, der Anfangs- und der Endpunkt sozusagen außerhalb der Epoche des Prozesses liegen und das Ende keineswegs das erfüllende Telos oder das sinngebende Ziel des Gesamtprozesses ist. Im Fall von menschlichen Personen ist schon das ernsthafte *Beabsichtigen*, etwas zu tun, erstens zweck- und zielorientiert und zweitens in gewissem Sinn schon perfektiv. Denn wenn eine deklarierte Absicht ohne weitere Gründe und Ursachen nicht erfüllt wird, wird sie (unter Umständen) *post hoc* zu einem bloßen Selbst-Wunsch heruntergestuft.

Entsprechend kann sich ein zunächst berechtigter *Wissensanspruch* zufälligerweise als bloße Überzeugung herausstellen und *post hoc* entsprechend heruntergestuft werden. John McDowell spricht hier von einer *disjunktiven* Theorie des Wissens. Das ist leicht irreführend. Denn es klingt so, als wäre der Inhalt von «X weiß, dass φ» ungefähr derselbe wie «Entweder weiß X, dass φ, oder X glaubt bloß mehr oder weniger gerechtfertigterweise, dass φ». Damit aber lässt sich die Objektivität des Inhalts eines Wissensanspruchs ebenso wenig klar darstellen wie die Fallibilität der performativen Behauptung. Letztere hängt eng damit zusammen, dass die meisten materialbegrifflichen Normalfallfolgerungen bloß generisch sind, also bloß für einen Typus an sich oder im Prinzip gelten. Im Einzelfall sind nie alle Besonderheiten und Einzelheiten kontrollierbar. Nur ganz selten kann man mit prognostischen Inferenzen universal, wie mit Allquantoren, operieren; die meisten gelten nur im Normalfall, *ceteris paribus*, oder wie man sonst die Einschränkungen eines *prima-facie*-Wissens artikuliert. Der Ausdruck *«all things considered»* kann sich daher auch immer nur auf eine *gewissenhafte Prüfung* des von jetzt her *Relevanten* beziehen, nie auf ‹alles›, schon gar nicht auf alle zukünftigen Zufälle.

Gerade die emphatische Äußerung von «Ich weiß, dass φ» kann im Nachhinein zu einer bloßen, wenn vielleicht auch *prima facie* wohlbegründeten Versicherung heruntergestuft werden müssen. Entsprechend können vermeintliche Absichten zu bloßen Wünschen werden. Ehrlich und sogar gewissenhaft zu versichern, man habe die Absicht (gehabt), reicht also selten oder nie aus, um die Wahrheit der Aussage zu *garantieren*, schon gar nicht ‹mit absoluter Sicherheit und Gewissheit›. Aber auch Fremdzuschreibungen von Absichten können falsch sein. Analoges gilt für Wissensansprüche. Wir müssen also die *Zeitlichkeit* und die *Fallibilitäten* der Absichten und des Wissens unbedingt ernst nehmen.

Die Frage, wie wir zwischen subjektiven Expressionen von Absichten oder Versicherungen eines Wissens, zweitpersonalen Zweifeln daran und drittpersonalen Zuschreibungen einer Absicht oder eines Wissens vermitteln, ist schwierig zu beantworten. Das gilt für Absichten gerade auch dann, wenn aus anderem Antrieb getan wurde, was die Zielbeschreibung am Ende bloß zufälligerweise erfüllt. Das Handeln unter einer Absicht ist daher sowohl logisch als auch handlungspraktisch schon recht komplex. Es ist zwar zunächst vom Handelnden selbst her zu verstehen. Er sollte, wie wir sagen, wissen, was er tut. Doch es kann gegen seine Selbstbeurteilungen auch Einwände oder Korrekturen geben, etwa wenn er bei akkurater Gewissenserforschung zugeben muss, dass seine ‹eigentliche› oder ‹wirkliche› Absicht eine andere gewesen sein mag als die, unter der er damals zu handeln vorgab oder heute gehandelt zu haben vorgibt – wobei er all das vielleicht selbst noch subjektiv geglaubt haben mag. Die Wörter «eigentlich» und «wirklich» sind, wie das Beispiel zeigt, offenbar interessante partielle Verneinungen. Wir korrigieren mit ihnen vorab vorgenommene Normalfallbeschreibungen. Es ergibt sich daraus, dass uns keineswegs immer völlig durchsichtig ist, was unsere Wünsche und wahren Absichten sind. Hier gibt es tatsächlich eine Art ‹Unterbewusstsein›.

Eine faktive Darstellung eines zeitlich ausgedehnten perfektiven Tuns *wird* also erst wahr und *ist* es nicht schon. Ebendarin unterscheidet sie sich von der Rede über einen bloßen Versuch oder dem bloßen Beginn des betreffenden Tuns, das möglicherweise nicht zu dem ‹beabsichtigten› Ende führt. Wissen ist ebenfalls faktiv: Wenn X weiß, dass p, dann ist p wahr. Ob das der Fall ist, beurteilen wir alle gemeinsam, indem wir immer auch die möglichen Urteile anderer revidieren.

2. Fallible Allgemeinheit und gewissenhafte Kontrolle

Es gibt offenbar typische Korrekturen partialer Fehlbeschreibungen, die wir in der Unterscheidung zwischen *Versuch* und *Irrtum* etwa im Fall eines Handelns oder Tuns artikulieren. In anderen Fällen unterscheiden wir zwischen *Schein* und *Sein*. Wir sagen etwa, dass das, was uns so schien, als sei es ein See, *in Wirklichkeit* eine Luftspiegelung war. Das Gemeinsame von Schein und Wirklichkeit heißt dann oft auch *Erscheinung* oder *Phänomen*. So haben wir vielleicht gemeinsam Wolken gesehen, die wie Alpenberge aussahen; an dem Phänomen zweifeln wir nicht. Das Urteil aber, dass es Berge seien, hat sich als falsch herausgestellt. Man könnte daher leicht ironisch sagen: «Die Berge, die wir sahen, waren (bzw. sind) keine Berge, sondern Wolken.» Das Ironische der Ausdrucksweise ergibt sich daraus, dass das Wort «sehen» hier nicht, wie im Normalfall, faktiv verwendet wird. Denn wenn jemand ein Y sieht, dann muss normalerweise das, was er sieht, ein Y sein. Entsprechend können wir nur ironisch, nicht ‹wörtlich›, sagen: «Dieser See ist kein See, sondern eine Luftspiegelung.» Oder: «Diese Krümmung des Stabes ist keine Krümmung, sondern ein Effekt der Lichtbrechung im Wasser.»

Die Notwendigkeit späterer Korrekturen ergibt sich beim Gebrauch faktiver oder perfektiver Verben und Wörter sogar regelmäßig, wenn oder weil sie zunächst bloß in der Beschreibung eines noch nicht abgeschlossenen präsentischen Prozesses in der *Verlaufsform* gebraucht werden. Wenn eine Person *dabei ist* (oder war), eine andere Person zu erschießen, so tut (oder tat) sie möglicherweise *dasselbe* wie eine Person, die eine andere zwar erschießen will (oder wollte), deren Absicht sich aber zufälligerweise nicht erfüllt, etwa weil die Kugel von einem Medaillon abgebremst wird. Aus dieser Beobachtung ergibt sich für das kommunikative Sprachhandeln, dass wir dazu neigen, dem Sprecher bloß eine Sprecherabsicht und dem Hörer bloß einen ‹Verstehensversuch› zuzuschreiben. Denn eine Kommunikation kann am Tun des einen wie des anderen scheitern – und scheint damit bloß erst als ‹Intention› oder eben ‹Versuch› zu existieren. Das verführt zu dem Gedanken, alle Inhalte seien zunächst Sprecherintentionen oder Hörerzuschreibungen.

Soweit das Verstehen begrifflicher Unterscheidungen die Erfüllung von schon vorab gegebenen Normalfallbedingungen voraussetzt, gibt es eine besondere Verpflichtung zur Kontrolle der Nähe des Bezugsfalles zum kanonischen Normalfallparadigma. Es handelt sich um die Verpflichtung der situationsangepassten Akkuratheit (Bernard Williams) oder Gewissenhaftigkeit der Aussage. Sie steht im Kontrast zu einem entweder fahrlässigen oder sophistischen Umgang im Reden. Sophistisch würde ein Vater vorgehen, der seiner Tochter zum Geburtstag einen Hund verspricht und ihr dann einfach einen Plüschhund ‹schenkt›. Zumindest fahrlässig würde er vorgehen, wenn er zwar einen Welpen mitbrächte, dieser aber erhebliche Mängel hätte, weil er z. B. blind ist. Hier wäre mindestens eine Vorwarnung nötig gewesen, dass das Kind zwar einen echten Hund bekommt, dieser aber wegen seiner Defekte besonderer Behandlung oder Pflege bedarf und gewisse Normaleigenschaften gerade *nicht* hat.

An dieser Stelle wird der Kontrast zwischen einem bloß ehrlichen und einem gewissenhaften Urteil relevant: Bloß ehrlich, redlich oder wahrhaftig sind Urteile, welche nicht *bewusst* gegen die Normen guter Kooperation verstoßen. Gewissenhaft oder rechtschaffen sind Urteile hingegen erst, wenn in *hinreichender Kontrolle* und *Reflexion* die Anpassung etwa der allgemeinen Differenz- und Inferenzformen an die besonderen Umstände der Situation vorgenommen wird. Das alles geschieht im Wissen um die Endlichkeit und Fallibilität aller generischen Normalfallbewertungen.

Die Verpflichtung zur Gewissenhaftigkeit in der Anwendung unserer begrifflichen Unterscheidungen mit den entsprechenden inferentiellen Normalfallerwartungen ist natürlich immer von *weiter Verbindlichkeit*. Nur wenn Anlass besteht zu erwarten, dass der Abstand zu den Standardfällen zu groß ist, oder wenn man vermuten kann, dass der Hörer die bloße generische Allgemeinheit der Normalfallinferenzen nicht gut genug kennt oder die Möglichkeit von Ausnahmen oder unvorhergesehenen Überraschungen unterschätzt, muss der Sprecher etwas Genaueres zu seinem Vorherwissen über naheliegende Irrtumsmöglichkeiten (wie etwa im Fall einer Fata Morgana) explizit machen.

Wir sehen hier ein weiteres Moment im dialogischen Umgang mit dem Perspektivenwechsel zwischen dem Wissen des Sprechers und dem Wissen des Hörers. Dazu gehört auch, dass in manchen Situationen inferentielle Regeln der Art «Ein Plüschhund ist ein Hund» gelten, in anderen aber Regeln der Art «Ein Plüschhund ist kein Hund». Und obwohl ein blinder oder dreibeiniger Hund natürlich ein Hund bleibt, kann man sich auf diese Regel nicht immer berufen, ohne wie Till Eulenspiegel zum bloßen Wort-Sophisten zu werden, der ‹alles bloß wörtlich› verstehen möchte.

Im Kontrast zu einer automatischen Sprachverarbeitung können und müssen wir Sprache immer in freier Anpassung an die kommunikative Situation und die in ihr mitgegebenen Relevanzbedingungen gebrauchen. Die allgemeinen Normalfallschemata des Folgerns, die zum Teil eng mit der Syntax der Ausdrücke und Sätze verbunden sind, gelten dabei eben nur für Normalfalltypen und verlangen im konkreten Fall immer noch die Strenge und Genauigkeit der Situationsanpassung. Daher kann das formal und allgemein Richtige, so wichtig es ist, im besonderen Fall gerade bei rein automatischem Gebrauch Kommunikation und Kooperation sogar zerstören.

Mit der Plastizität der Sprache, der Lokalität des Redens und der Verantwortung des Verstehens hängt zusammen, dass man häufig zu viel Zeit darauf verwendet, exakte ‹Definitionen› von Wörtern für ‹alle erdenklichen› Fälle einzufordern oder geben zu wollen, statt sich auf die kontextuell relevanten und für *allgemeine* Orientierungen tauglichen zu beschränken. So *präzise*, d. h. ‹vorgeschnitten› zu reden, dass in der Befolgung des Schemas *gar* keine Missverständnisse mehr möglich wären, ist selten oder nie möglich – zumal die Kooperativität des Hörers immer Voraussetzung bleibt. Wer nicht verstehen will, der wird auch nicht verstehen. Man kann Verstehen ebenso wenig ‹erzwingen›, wie es auch sonst keine ‹zwingenden› Gründe gibt – jenseits des Appells zu einer vernünftigen Gemeinsamkeit.

3. Theorien und Sätze als differentiell bedingte Inferenzregeln

In rein formal gültigen Schlüssen und analytischen Deduktionen wickeln wir einfach aus, was wir definitorisch in logisch komplexe Begriffsausdrücke und Abkürzungen gesteckt haben. Es ist daher ein ganz grundsätzlicher Irrtum, eine formallogische Deduktion etwa nach den Regeln eines für alle idealen sortalen Gegenstandsbereiche gültigen und nur insofern allgemein gültigen Prädikatenkalküls, wie man ihn in der formalen Logik nach Frege und Gödel lehrt, als *Beweis* oder gar *Begründung* zu lesen. Eine solche Deduktion zeigt zunächst nichts als die Deduzierbarkeit selbst. *Beweise* und *Argumente* sind im Allgemeinen nicht einfach Anwendungen derartiger ausdruckstechnischer Schemata. Sie sind eher Aufweise, was man mit solchen Schemata sinnvoll anfangen kann. Dies ist die Einsicht der Sprachphilosophie des 20. Jahrhunderts, besonders auch Wittgensteins, wenn man sie als Reflexion auf unsere Sprachtechniken, gerade auch die der Mathematik, versteht. Theoretische Wissenschaft ist eine kollektive Disziplin der Versprachlichung von allgemeinem Wissen. Sie besteht sozusagen in der sprachlichen Kanonisierung differentiell bedingter Inferenznormen. Diese werden ausgedrückt durch Sätze, die ihrem Status nach ‹ewig› sind und sich ebendadurch von empirischen oder historischen Sätzen abheben, die sich auf einige, viele oder alle Einzelheiten beziehen, ohne dass klar ist, ob oder wie sie sich für zukünftige Möglichkeiten verallgemeinern lassen. Insgesamt wird so der Theoriebetrieb als eine Art Technik der Bereitstellung von *Möglichkeitsbeurteilungen* und damit von *generischen Prognosen* und *Orientierungen* allererst verstehbar.

Einem tradierten Mythos zufolge ‹bilden› Theorien Welt ‹ab›. Dieses Bild von einem *Spiegel der Natur* kritisiert Richard Rorty mit vollem Recht vehement. Das Richtige einer Technik hängt nur davon ab, was wir normalerweise, und das heißt unter Normalfallbedingungen, gut tun können. Eine Technik kann nie einfach dadurch kritisiert werden, dass sie *in Einzelfällen* unter gewissen *Zufällen* oder bei *inkompetenter Anwendung* nicht zum Ziel führt. Das gilt gerade auch für Theorien. Sie sind daher nicht durch einzelne Gegenbeispiele widerlegt und fast nie als *universale Allsätze* zu lesen, zumal ihre Themenbereiche selten schon als feste sortale Gegenstandsbereiche vorfixiert sind oder so dargestellt werden können.

Theorien treten zumeist als stenographisch verdichtete Systeme von Sätzen oder Schlussregeln auf. Die formale Logik ist eine Methode dieser Verdichtung, gerade auch in mathematischen Kontexten. Daher kann man aus Axiomen sehr viele Theoreme ‹folgern›. Dieses Folgern ist aber nur das Auswickeln der impliziten Verdichtung der Ausdrücke und Sätze. Derartige Verdichtungen gehören zur Sprachtechnik. ‹Bewiesen› wird dabei nichts, nur ‹schnell› und ‹kurz› formuliert. Solche Theorien lassen sich über die Axiome lehren und lernen. So lernen wir z. B. die Minitheorie, dass Wasser chemisch in Sauerstoff und Wasserstoff zerlegt und aus diesen Stoffen wieder synthetisiert werden kann. Die Stöchiometrie zeigt uns dabei ein Verhältnis von 2 zu 1, so dass reines Wasser jetzt den neuen chemischen Namen «H_2O» erhält. Das ist eine stenographische Formel, die das Ergebnis einer ganzen Entwicklungsgeschichte chemischen Wissens ist, unter Einschluss des Wissens über den chemischen Prozess der Verbrennung oder Oxidation.

Theoretische Sätze artikulieren dabei Schlussformen, wie z. B. der Satz: «Bei zu viel keramischen Einlagerungen wird der Stahl schneller brechen.» Wir gebrauchen sie bei der Bildung von Erwartungen und bei der ‹kausalen Erklärung› von Ereignissen – etwa der Materialermüdung der Räder an ICE-Zügen der dritten Baureihe. Zuvor werden sie experimentell, d. h. in einer Prüfung der Wiederholbarkeit, begründet. Das Wort «empirisch» steht heute zumeist für «experimentell». Das Richtige im Satzverstehen oder Regelfolgen besteht in der Erfüllung von Bedingungen, welche mit den Formen des Unterscheidens und den Normen des angemessenen Schließens konstitutiv verbunden sind. Das sind ganz wesentlich Kooperationsbedingungen, die ihrerseits auf allerlei technischen Fähigkeiten und Fertigkeiten aufruhen.

Das entsprechende Verständnis ‹wörtlicher› Rede als kanonisierter Form erlaubt es allererst, das ‹Rätsel› figurativer Redemodi, sogenannter Tropen, zu lösen. Seit Giambattista Vico gelten dabei als Haupttropen die Metapher, die Metonymie, die Synekdoche und die Ironie. In *metaphorischer* Rede wird immer bloß *ein Teil* der inferentiellen Bedeutungskomponente, des ‹*Dispositionsbegriffs*›, wie wir jetzt sagen können, frei übertragen auf einen ‹Gegenstand› (ein Thema, einen Bereich), der außerhalb des *normalen Differenzbegriffs* des Wortes oder Ausdrucks liegt. In dem Beispiel «Richard hat ein Löwenherz» operieren wir mit dem Stereotyp, Löwen seien mutig. *Metonymien* sind, grob gesagt, *analogisch verfestigte Metaphern*. In dem Beispiel «Es gab einen Ehekrach» ersetzt z. B. die Folge, also der Lärm, die Ursache, also den Streit. Wir erzeugen so eine Art ‹doppelte Bedeutung› der Wörter, so wie das Wort «Kreis» für ideale Formen und reale Gestalten stehen kann. In einer *Synekdoche* stehen Aussagen über Prototypen für generische Aussagen über Gattungen. In dem Satz «Es gilt, seinen *Mut* zu *kühlen*» wird z. B. der Mut wie ein personales Agens angesprochen. In der *Ironie* schließlich wird in reflektierter Weise, sozusagen augenzwinkernd, eine Kooperation mit dem Hörer oder Leser ausgespielt. So muss der Hörer in dem Beispiel «Das war jetzt aber eine Glanzleistung!» die Negation selbst einfügen.

Die nominalistische Sprachkritik eines Max Stirner und eines Fritz Mauthner will im Grunde alle Aussagen als wörtliche Aussagen über direkt empirisch Erfahrbares verstehen und kritisiert alle allgemeinen Aussagen als angeblich allzu allgemeine Vorurteile. Die Forderung nach Klarheit dann auch des ‹Wiener Kreises› ist dabei eine Forderung nach allgemeiner Schematisierung der Sprache. Doch die entsprechende Reduktion auf klare und deutliche empirische Aussagen fällt auf die Position Humes zurück, die schon nicht in der Lage war, den dispositionslogischen Status wissenschaftlicher Sätze und die Rolle von kanonisierten Stereotypen im Sinnverstehen zu begreifen.

4. Kanonisierungen materialbegrifflicher Inferenzen

Wissenschaft besteht nicht nur aus Experiment und sprachfreier Technik, auch nicht nur aus empirischen Beobachtungen etwa im Rahmen einer Kontrolle der Verlässlichkeit allgemein erlernter Vorbeurteilungen, sondern sie ist immer auch eine Technik der theoretischen Versprachlichung allgemeinen Könnens und Wissens, manchmal durchaus nach Art der guten Beschreibung von Spielregeln oder Gebrauchsanweisungen. Dabei werden material gültige Schlussformen *gesetzt*. Diese *Festlegung* von Inferenzen muss aber *harmonisch* angepasst sein an die Kriterien der Unterscheidungen, mit denen sie verbunden sind.

Was damit gemeint ist, zeigt sich am besten dort, wo die nötige Harmonie nicht gut funktioniert. Michael Dummett und Robert Brandom nennen dazu das Beispiel des französischen Schimpfwortes «*boche*», dessen differentielle Kriterien mit denen des Wortes «Deutscher» zusammenfällt, so dass wir noch in den 1970er Jahren von französischen Kindern in Paris als «*boches*» begrüßt wurden. Der inferentielle Gehalt des Wortes aber ist durch ‹materialbegriffliche› Sätze der folgenden Art gegeben: «Ein *boche* ist ein besonders primitiver und grausamer Mensch.» Das analoge englische Schimpfwort oder Stereotyp für den Deutschen aus dem Ersten Weltkrieg ist «Hunne». Das Problem der Harmonie besteht hier in einer Überverallgemeinerung angeblich dispositioneller Veranlagungen der Deutschen auf der Grundlage historischer Kontingenzen und einer nachhaltig wirksamen Kriegspropaganda.

Das Beispiel zeigt auch, warum es gewissermaßen eine dauernde Arbeit am Begriff im Sinne der Herstellung der Harmonie zwischen den allgemeinen Unterscheidungskriterien und den allgemeinen Inferenzen oder Normalfallerwartungen gibt. Einerseits sind irreführende Stereotypen zu vermeiden, andererseits sind Stereotypen notwendig für die inferentiellen Inhalte. Denn unsere begrifflichen Ausdrücke vermitteln so generische Schlussformen.

Auch in der Biologie und Medizin ist fast das gesamte ethologische Wissen ein stereotypisches Normalfallwissen, das allerlei Sonderfälle und Ausnahmen erlaubt oder noch offenlässt, also Überraschungen möglich macht. Dennoch gibt es auch ein paar universal ‹notwendige› Sätze, wie z. B. den, dass tote Lebewesen nicht wieder zum Leben erweckt werden können. Erzählungen, welche diesen Sätzen widersprechen, sind damit von vornherein als Mythen ausgewiesen und als solche zu behandeln. Das gilt gerade auch für die Wunder der Bibel. Dennoch scheint es offenbar schwer zu sein, zwischen dem, was wir sinnvollerweise für ‹empirisch möglich› halten können und was nicht, zu unterscheiden.

Die Dinge werden noch komplexer dadurch, dass es eine Redeweise gibt, nach welcher gerade die generischen Sätze der Wissenschaft die wahre Wirklichkeit darstellen, während die empirischen Aussagen über historische Phänomene bloß eine empirische *Realität* dagegenstellen. Wissenschaftliche Aussagen artikulieren typisches Strukturwissen. Daraus ergibt sich eine Zweideutigkeit, auf die schon Friedrich Nietzsche hingewiesen hat: Die wahre Wirklichkeit erscheint jetzt als der Inhalt einer von uns als Theorie konstruierten Fabel, in der wir die vielen einzelnen historischen Erscheinungen ansehen, gliedern, darstellen, ordnen und mit der wir sie erklären oder prognostisch erwarten. Die ‹Realität› der Einzelerfahrungen ist *keine* willkürliche Konstruktion. Unsere Unterscheidungen und Stereotypen aber ‹konstruieren› Normalerwartungen und ebendamit inferentiell kanonisierte Möglichkeitsurteile und Notwendigkeitsaussagen. Es wird dazu ein relatives Apriori eines kanonisierten Vorherwissens in einer gemeinsamen Institution namens Wissenschaft ‹gesetzt›. Und es wird die Güte dieser Setzungen kontrolliert. Diese werden in Lehrbüchern und Enzyklopädien verbreitet und tradiert. Als Allgemeinwissen bestimmen sie die Verbindung von differentiellen (taxonomischen) und inferentiellen (dispositionellen) Inhaltsmomenten von Wörtern, Sätzen und Texten.

Diese Einsicht bildet sozusagen einen vorläufigen Endpunkt einer Entwicklung, welche von einer häufig als dogmatische Lehre über eine transzendente Welt missverstandenen Metaphysik über Kants transzendentale Logik zu einer Sprachphilosophie als allgemeiner Sinnanalyse und Begriffskritik führt. Besonders wichtig sind dabei die methodisch zu ordnenden Stufen jeweils präsupponierten Vorwissens für einzelwissenschaftliche Begriffsbestimmungen.

VI. Sprachliche Kommunikation und Kooperation

1. Formal- und Normalsprachenansatz

In üblichen Darstellungen der Sprachphilosophie des 20. Jahrhunderts wird ein ‹Formalsprachenansatz› von einer ‹Philosophie der normalen Sprache› unterschieden. Diese Unterscheidung ist zumindest irreführend, wo die für die Mathematik entwickelte Sprachtechnik der Formenexplikation nicht bloß als reine mathematische Logik betrieben wird, sondern analogisch auf syntaktische und semantische Tiefenstrukturen der realen Sprache verweist. Außerdem taugen die ‹Intuitionen› der *‹ordinary language philosophy›*, die nur daran erinnern, wie man ‹normalerweise› zu urteilen und schließen pflegt, wenig für eine *sinnkritische* Analyse irreführender Stereotypen.

Im Normalsprachenansatz werden aber mit vollem Recht Sprechhandlungen als Teile einer kommunikativen und kooperativen Praxis zum Thema. Es wird dabei die Bedeutung illokutionärer Modusregler analysiert. Derartige Modusregler sind etwa: «Ich behaupte / verspreche / wünsche hiermit, dass φ.» Prototyp für die Unterscheidung ist Freges performativer Urteilsstrich. John Searle hat die von Austin skizzierte ‹Sprechakttheorie› in seinen *Speech Acts* ausgearbeitet. Er möchte z. B. notwendige und hinreichende Bedingungen dafür angeben, dass ein Äußerungsakt einer Person X, gerichtet an einen Adressaten Y, ein Versprechen ist. Beispiele für solche Bedingungen sind: X meint, dass Y wünscht, dass X die Handlung H ausführt. X verpflichtet sich, die Handlung H auszuführen. X glaubt, dass er H ausführen kann etc. Das Problem ist, dass Aktualisierungen von generischen Handlungen erstens nicht als unabhängige Einzelakte oder gar als bloße Ereignisse existieren, denen dann noch weitere Eigenschaften zukommen. Zweitens ist das Definitionsformat gar nicht geeignet, kooperative Handlungsformen wie Versprechungen und andere Selbstverpflichtungen vollständig darzustellen. Man kann nicht durch Eigenschaften eines Einzelaktes eines Sprechers bestimmen, was ein Versprechen ist. Denn das *Geben eines Versprechens* ist ein bloßes Anfangsmoment einer kooperativen Handlung. Diese ist, was sie ist, nur im Rahmen einer schon etablierten sozialen Praxisform. Es handelt sich um die ‹informelle› Institution des Versprechengebens, wie sie längst schon in weitere Praxen eingebettet ist.

Zwar gibt es ‹Normalfallbedingungen› dafür, dass ein Sprecher überhaupt sinnvoll ein Versprechen geben kann, wie z. B. dass er das Versprochene nicht ohnehin tun wird oder dass es sich nicht auch ohne sein Zutun ereignen wird. Notfalls muss der Sprecher sogar fragen, ob der Hörer sein Versprechen, das zunächst bloß ein Angebot ist, auch wirklich annimmt. Ein ehrliches Versprechen setzt die ernsthafte Absicht voraus, das Versprechen tätig zu erfüllen. Doch für die Frage, ob einer ein Versprechen wirklich gegeben hat und damit verpflichtet ist, das Versprochene einzulösen, ist es irrelevant, ob er bei der Artikulation des Versprechens vielleicht doch leise gedacht hat, dass er es nicht tun wird. Kinder kreuzen im Fall unehrlicher Aussagen hinter dem Rücken die Finger, doch ist das keine gangbare Praxis. Im Falle eines Grußes kann es allerdings sein, dass der Grüßende den Begrüßten leise verflucht. Es kann sogar der Fall auftreten, dass der Hörer dem Sprecher signalisiert, dass er das Versprochene wünscht, obwohl er es tatsächlich nicht tut und das Versprechen bloß annimmt, weil er hofft, dass der Versprechende es nicht einhält. Nur sollte sich der Hörer dann nicht beklagen, wenn das Versprochene getan wird.

Die Bedingungen für insgesamt glückende, nämlich richtig erfüllte Versprechen gelten also zunächst für paradigmatische Normalfälle. Im Einzelfall kann es immer geschehen, dass aus diversen Gründen die Selbstverpflichtung nicht korrekt oder vollständig erfüllt wird oder erfüllt werden kann. Dann kommt zwar die Verpflichtung des Versprechens zustande, aber die kooperative Handlung wird insgesamt nicht als solche richtig ausgeführt: Ihr gutes Ende, die (oft implizite) Anerkennung, dass das Versprechen erfüllt ist, wird nicht erreicht. Daher gibt es Folgepraxen von der Art der Bitte um Entbindung von einem

Versprechen, analog zur Bitte um die Entbindung von einem Vertrag. Für den Fall, dass keine solche Entbindung stattfindet, gibt es neben der Kritik an der Nichteinhaltung des Versprechens durch den Adressaten die Bitte des Sprechers um Verzeihung. Er kann dabei allerlei Begründungen als Entschuldigungen dafür vortragen, dass er das Versprechen nicht erfüllt hat. Aber sich selbst ‹entschuldigen› kann er nicht. Wenn ich vorher weiß, dass ich das Versprechen nicht erfüllen kann, darf ich es natürlich gar nicht geben. Wir kennen diese Bedingungen alle längst schon und halten sie trotzdem oft nicht ein.

Übrigens sind wir verpflichtet, vieles zu tun, ohne dass wir explizit und tätig eine Rolle übernommen haben. Wir müssen z. B. normalerweise auf berechtigte Bitten positiv reagieren. Und wir können nicht eigentlich versprechen, die Wahrheit zu sagen oder unsere Versprechen zu halten. Es gäbe kein Sprechhandeln, wenn nicht schon hinreichend klar wäre, was die Rollen und Verpflichtungen der Sprecher sind. Das ist der tiefe Grund, warum eine *intentionalistische Semantik* (Georg Meggle), d. h. die Idee, dass allein die *Sprecherabsichten* entscheiden, wie eine Äußerung richtig zu verstehen ist, schon im Ansatz scheitern muss. Offen ist nur, welche Rolle die Sprecherabsichten beim Verstehen besonderer, vom Normalfall systematisch abweichender Sprechhandlungen wie in der metaphorischen oder ironischen Rede spielen. Denn es ist ja ganz richtig, dass im besonderen Fall eine besondere Form der Kooperation als Anwendung von Kooperationsmaximen (Grice) dafür sorgt, dass der Hörer eine Äußerung etwa der Art «Ich verspreche dir, dass er das getan hat» nicht als Versprechen, sondern als ironische Versicherung über ein historisches Wissen versteht und auch so zu verstehen hat. Im Fall einer konkreten Rede verstehen wir ihren Inhalt also nicht bloß als kanonischen Standardinhalt der geäußerten Sätze, sondern fragen uns, wenn Standarderwartungen durchbrochen sind, warum der Satz überhaupt gesagt wurde. Wir erschließen damit gemäß einer Inferenzform der *Implikatur*, wie Grice sie nennt, aus den *Äußerungen* in kanonischer Weise, was man aus den *Sätzen* als reproduzierbaren Formen allein (noch) gar nicht erschließen kann. Man denke z. B.

an Fälle, in denen jemand eine reine Tautologie äußert wie: «Was sein wird, wird sein» (Doris Day: «*What will be, will be*»). Wir ‹lesen› diese Tautologie als Ausdruck der Ergebenheit in das Schicksal. Bei Analogien haben wir nach relevanten Übertragungslinien oder partialen Isomorphien zu suchen. Und um Ironie zu verstehen, müssen wir sozusagen die Negationen an die richtige Stelle setzen.

Wir haben gesehen, dass Versprechen zu geben und dann zu halten oder Absichten zu haben und dann zu erfüllen keine bloß momentanen Akte sind, sondern Teilmomente von ganzen, zeitlich immer ausgedehnten Handlungen, die in eine kooperative Praxis eingebettet sind – auch dort, wo die Handlung rein mich selbst betrifft. Denn längst schon ist es der Form nach eine *gemeinsame* Handlung, wenn ich urteile, ob die geäußerte (oder zumindest äußerbare) Absicht wirklich erfüllt wurde und, wenn nicht, ob ihre Nichterfüllung wohlbegründet oder ein Mangel nach Art der Willensschwäche oder des Mangels an Gewissenhaftigkeit bei bloß oberflächlicher Ehrlichkeit ist. Als eine Version der Unfähigkeit, sein Handeln und Leben nachhaltig nach einem Plan zu gestalten, ist dabei Willensschwäche alles andere als unverständlich. Wir kennen sie alle sehr wohl. Und wir kennen die falsche Entschuldigung, man könne doch seine Absichten jederzeit ändern. Wer sie vorbringt, verwechselt Absichten mit leeren Selbstwünschen oder Wunschgefühlen. Es kann sich einer sogar ganz ehrlich über seine Absichten und selbst über reine Wünsche täuschen, wenn er seine Selbsturteile nicht mit den Urteilen der anderen abgleicht. Diese können etwa sehen, wie er sich selbst belügt, indem er (dauernd) vergisst, was er früher noch meinte vorzuhaben, oder indem er seinem Tun von heute her Absichten zuschreibt, die er gestern nie hatte. Kinder müssen sogar noch das richtige Bitten und Wünschen lernen, wenigstens im Hinblick auf die rechten Erfüllungen und das Danken. Andererseits zeigen sich Präferenzen oder Pro-Einstellungen nirgends so deutlich wie im Tun von Personen, so dass es zu einer Art Tautologie wird, dass jeder, der etwas handelnd tut, es auch tun ‹will› in dem sehr schwachen und noch dazu rein askriptiven Sinn von Davidsons ‹*pro-attitude*›.

2. Die Plastizität der allgemeinen Ausdrucksbedeutung

Zur Kooperativität des Verstehens gehört es, allfällige Formulierungsirrtümer sozusagen stillschweigend zu korrigieren und mit der Offenheit des Sinns angemessen umzugehen. Zu dieser Offenheit wiederum gehört es, dass wir gar nicht immer scharf zwischen rein ‹wörtlicher› Rede und ‹übertragenen› Bedeutungen in erst noch frei auszulegenden Sprechhandlungen unterscheiden können. Dabei benutzen wir das Wort «metaphorisch» oft in einem weiten Sinn für alle Formen einer ‹figurativen› oder ‹tropischen› Sprachverwendung. Eine Metapher im engeren Sinn ist unser Beispiel «Richard hat ein Löwenherz». Eine Analogie ist z. B. der Satz: «Begriffe sind ungesättigt.» Eine Katachrese liegt in dem Satz vor: «Der Begriff ‹Pferd› ist kein Begriff.» Ein Beispiel für Ironie ist schließlich: «Der Angriff auf Belgien 1914 war eine Glanzleistung deutscher Politik und Kriegsführung.» Um die Äußerungsbedeutung (Grice) solcher Sätze zu eruieren, muss man offenbar schon einiges kennen, im letzten Fall etwa die Schwäche der damaligen deutschen Politik, die von Grice so genannte *Implikatur* des ironischen Satzes. Entsprechendes gilt für die freie Anwendung des Kanons der Inferenzen des Ausdrucks «ungesättigt»: Begriffe im Sinne Freges sind nämlich als die Bedeutungen von Satzradikalen $\varphi(x)$ gerade so ungesättigt wie diese ihre Ausdrücke. Sie stehen damit in Analogie zu ungesättigten chemischen Radikalen oder ungesättigten Lösungen.

Der Sprecher rechnet damit, dass der Hörer den Inhalt, also insbesondere die Implikaturen als die mit der Äußerungsform (nicht dem Satz) verbundenen Differenzierungen und relevanten Inferenzen, sich selbst so erarbeitet, dass die freie Kooperation des Gesprächs glückt. Dabei sind aber gegen Ironie resistente Kontexte zu beachten. So wird man etwa Beamten einer US-amerikanischen Einwandererbehörde besser nicht erklären, man habe «natürlich eine Bombe im Schuh». Dennoch bewährt sich die volle Sprachkompetenz Erwachsener gerade in der freien Ironie, zusammen mit den anderen Tropen figurativer Rede. Erst wer Humor versteht, beherrscht die Sprache voll.

Falsch wäre aber die Vorstellung, dass man hier irgendwelche besonderen *Sprecherabsichten* ‹erraten› müsste. Es ist durchaus eine allgemeine Norm, dass man etwa eine Äußerung der Art «Ich verspreche dir, dass du, wenn du das tust, Prügel erhältst» als ironische Warnung oder Drohung zu verstehen hat. Analoges gilt für die Suche und das Auffinden relevanter Übertragungen von inferentiellen Gehalten in Metaphern, Analogien, Metonymien usf.

Natürlich kann man in allen Handlungen, auch in Sprechhandlungen, besondere individuelle und gegenüber anderen Personen geheim gehaltene Absichten verfolgen. Das ist etwa der Fall, wenn ich jemanden belüge oder betrüge, ihn also glauben lasse, etwas sei wahr, von dem ich klar weiß, dass es nicht so ist. Zu den normalen Verpflichtungen des Sprechers gehört es aber, nach Möglichkeit für eine nachhaltig gute Verständigung zu sorgen. Das schließt Lügen aus, jedenfalls im Normalfall.

Das Wissen um die Grenzen eines rein schematischen Verstehens und die Notwendigkeit der Mitwirkung der Adressaten mit Erfahrung und Urteilskraft schließen einen sophistischen oder sonst wie unwilligen Kritiker aus dem Kreis der kompetenten Adressaten aus. Es gibt daher eine Art Balance zwischen der Sprecherpflicht zu Wahrheit und Klarheit und der Hörerpflicht eines kooperativen Verstehens nach einem *principle of charity* (Neil L. Wilson, Quine, Davidson). Verlangt ist dabei eine Art des Vertrauens auf der Seite des Hörers, der vor jeder Kritik am Gesagten dieses ‹mit Nachsicht› so wahr und klar zu machen hat, wie es nur geht. Das ist bei Interpretationen immer auch mit einem gewissen Risiko verbunden, da man sich bei der Mängelbehebung nicht mehr rein an den Wortlaut halten kann. Verlangt ist im Verstehen aber ohnehin immer die eigenständige Mitarbeit besonders bei der Findung der Relevanzmargen, welche für die Erfassung von Inhalten gerade deswegen eine zentrale Rolle spielen, weil sie das sophistisch Wörtliche in bloß schematischen Folgerungen ebenso abhalten wie die überallgemeinen und die allzu subtilen Nachfragen.

3. Eigene und fremde Beurteilungen von Normerfüllungen

Den Verpflichtungen und der Verantwortung der Gesprächspartner korrespondieren also immer auch gewisse Erwartungen und Erlaubnisse – und umgekehrt. Wir können daher immer auch Buch führen darüber, was uns andere sozusagen noch schulden – zum Beispiel aufgrund ihrer freien Versprechen oder unserer berechtigten Bitten. Diese können auch Bitten um die Bekanntgabe und gemeinsame Prüfung von Gründen für empirische Aussagen, für die Verlässlichkeit generischer Inferenzformen oder deren angemessene Anwendung sein. Dabei gehören das Erfragen und Geben von Begründungen nur zu den Kontrollformen der Kooperationsformen, nicht zu deren Konstitution, wie Brandoms ‹begründungstheoretische› inferentielle Semantik suggeriert. Kontrolliert werden dabei z. B. auch die Anwendungen begrifflicher Unterscheidungen in harmonischer Anpassung an die erwartbaren Normalfallinferenzen.

Alle Moral und alle Ethik ist im Grunde schon in den Kommunikations- und Kooperationsformen enthalten, die wir sprachlich explizit machen, etwa im Versprechen oder in der Bitte, in der Aufforderung oder im Verzeihen und in der individuellen und gemeinsamen Beurteilung, ob einer gut an dieser oder jener Praxis teilgenommen hat. Insofern sind die Erfüllungen impliziter Normen und Formen des Verstehens immer zugleich intellektueller und moralischer Art. Wer nicht mit anderen gut kooperieren will, der *kann* am Ende etwas nicht. Die *Torheit* des Nichtverstehens und Nichtkooperierens geht hier nahtlos in das *Schlechte* und *Böse* über. Das gilt auch umgekehrt, wie Sokrates schon gesehen hat. Der ethisch Schlechte ist im Ganzen gesehen immer auch töricht. Daher ist aus kooperationslogischer Sicht der Ungerechte ebenso unweise, wie der Unweise am Ende auch moralisch schlecht ist, obwohl sich im Detail und lokal die Begriffe der Gerechtigkeit, Weisheit, Klugheit, Moralität usf. unterscheiden lassen.

In jedem Fall aber gilt: Die Normen des Richtigen (Guten, Gerechten, Wahren), die wir als erfüllt beurteilen, gibt es schon, *bevor* wir die Erfüllungen beurteilen. Sie ergeben sich nicht etwa erst aus den Urteilen oder aus bloß häufigen Übereinstimmungen, einem zufälligen Konsens. Auch die Gedanken, die man sprachlich fassen und verstehend erfassen kann, gibt es schon, nämlich in der Form der Sinnbestimmung *möglicher* Aussagen, artikuliert durch semantisch wohlgeformte Äußerungen grundsätzlich sinnvoller Sätze.

4. Sprache und Weltbild

Schon Hamann, Herder und Humboldt hatten in einer (allerdings nicht sehr genau platzierten) Kritik an Kants Betrachtung allgemeiner semantischer Formen eine enge Verknüpfung von Sprachform und Weltbild behauptet – eine These, die dann bei vielen späteren Autoren wieder vorkommt und auch von Wittgenstein in modifizierter Weise aufgegriffen wurde. Richtig ist daran, dass sich im Lexikon das enzyklopädische Wissen eines Volkes widerspiegelt. Denn gerade ein enzyklopädisches Lexikon listet die in Wörter gefassten Grundunterscheidungen einer Sprachgemeinschaft zusammen mit den dispositionellen Normalfallerwartungen oder modalen Inferenzen auf. Daher kann es durchaus auch kulturelle Verluste geben bei der Reduzierung der Wissenschaftssprache auf eine universale Lingua franca. Wissensentwicklungen sind nämlich immer auch lokal und regional. Es gibt z. B. in verschiedenen Sprachen unterschiedliche Formen und Grade der Artikulation und damit der Explizitheit semantischer und logischer Differenzierungen.

Dabei ist beispielsweise eine gewisse Toleranz gegenüber dem extensiven Gebrauch des definiten Artikels bei der Bildung von Nominalausdrücken wie im Griechischen und Deutschen von einiger Bedeutung. Dem steht eine Tendenz zum artikellosen und verbbetonten, objektstufigen oder ontischen Sachbezug etwa im Lateinischen oder Englischen gegenüber. Die entstehende Tendenz zur Vernachlässigung von Reflexionstermini und begrifflichen Kommentaren suggeriert, es werde immer nur über irgendwelche Entitäten geredet und gesagt, was diese sind und tun. Die Bevorzugung eines empirisch berichtenden und thetischen Verbalstils ist dabei keineswegs zu loben, auch wenn dieser Stil als nicht so ‹schwer› erscheint und daher als ‹klar› angesehen wird. Man unterstellt gerade im Blick auf Reflexionsaussagen wie in der Rede über ein Sein oder ein Dasein, die Welt oder das Nichts, den Sinn oder den Begriff, den freien Willen oder die kausale Wirkung, dass metaphysische Gegenstände hypostasiert würden. Diese gelte es mithilfe einer nominalistischen Sinnkritik nach der Methode von Ockhams Rasiermesser wegzuschneiden. Denn die Gegenstände der Rede seien nicht ohne Not zu vervielfältigen. Fritz Mauthner hat diese ‹Sprachkritik› dem Wiener Neopositivismus vermittelt. Die Notwendigkeiten und Möglichkeiten reflexionslogischer Thematisierungen von allem und jedem in unseren abstraktionslogischen Reden werden damit allerdings verkannt. Gerade in Sprachen, welche an die teils bürokratisch, teils metaphysisch klingende Abstraktionsgrammatik des bestimmten Artikels bzw. der reflexionslogischen Metonymie und Synekdoche ‹nicht gewöhnt› sind, ist es besonders schwer, Fehldeutungen philosophischer Analysen zu vermeiden. Man denkt hier zu ‹sachorientiert› und zu wenig ‹reflexionslogisch›. Fälschlich unterstellt man, der Gebrauch eines definiten Artikels zeige immer die Benennung einer ‹Entität› an, und meint, sich in einem sortalen Bereich von Gegenständen zu bewegen.

Hierher gehören auch allzu schnelle Urteile dazu, wie sich in der Syntax einer Sprache angeblich ein besonderes Weltbild widerspiegele. Feldlinguisten wie Edward Sapir und Benjamin Whorf meinten z. B. zeigen zu können, in verschiedenen Sprachen seien ganz verschiedene Denkmuster besonders in Bezug auf die Zeit schon in der Grammatik niedergelegt. Einige Indianersprachen scheinen ja anders als (indo-)europäische Sprachen das Tempus nicht zu syntaktisieren. Daraus aber zu schließen, dass die Zeiterfahrung eine andere sei, wäre ähnlich gewagt, wie aus einer Vermeidung des Gebrauchs des Wortes «ich» auf irgendeinen Mangel an Selbstbewusstsein zu schließen. Man weiß auch nicht erst seit Brunelleschi um die zentralperspektivische Verkleinerung entfernter Gegenstände.

VII. Grammatiktheorie

1. Syntaktische Formkompetenz

Eine detaillierte Beschreibung der syntaktischen Formen der Einzelsprachen und der Konventionen für mögliche semantische Lesarten ist schon nicht mehr die Aufgabe der Philosophie, sondern der Grammatikschreibung. Dabei hat der Strukturalismus de Saussures im Grunde nur die implizite Methode der Rekonstruktion der griechischen und lateinischen Grammatik explizit gemacht. Diese leistete schon die Zerlegung der Sätze etwa in Nominalphrasen wie «kluge Menschen» und Verbalphrasen wie «lesen gern viel» sowie die Klassifikation der Wörter etwa in Substantive wie «Mensch», Adjektive wie «klug», Verben wie «lesen» und Adverbien wie «gern». Man kann damit auch Satzbaupläne schematisch darstellen und Transformationen von Sätzen, wie zum Beispiel vom Aktiv ins Passiv. In Wörtern wie «Klugheit» sind Morpheme wie «klug» und «heit» bedeutungsdifferenzierende Silben. Phoneme oder Laute markieren sozusagen die Differenzen. Es ist dazu offenbar eine grammatische Kommentarsprache nötig, neben den Operationsschemata selbst. Insgesamt liefern die Explikationen von impliziten Schemata eines Sprachgebrauchs, wie sie in jeder Grammatikschreibung Thema sind, auch Hilfen für ein sprachtechnisch versiertes Schreiben und Lesen, Übersetzen und Textinterpretieren. Dabei operiert eine solche Struktur*analyse* systematisch mit allerlei Substitutionsformen. Natürlich kann man ihr dann spiegelbildlich eine *Synthese*, also ein System von generativen Herstellungsregeln, zuordnen.

Die leitende Vorstellung einer solchen synthetischen *generativen* Grammatik operiert mit einer Kommentarsprache, welche eine syntaktische *Tiefenstruktur* durch Produktionsregeln definiert. Man sucht nach Bildungsregeln der Form der arithmetischen Sätze und nach axiomatischen Ableitungen, wie sie auch von einem Computer ausführbar oder kontrollierbar sind. Ein syntaktisches *Parsing* ist dabei die Suche nach einer zu einem Satz passenden syntaktischen ‹Struktur› oder Herleitung. Dabei können verschiedene Herleitungen einem Satz verschiedene syntaktosemantische Formen zuweisen.

Aus Überlegungen zu den Hierarchien von exakten Regelsprachen im Kontext der theoretischen Grundlagen der schematischen Programmiersprachen hat Chomsky darüber hinaus die Vorstellung entwickelt, das Gehirn des Menschen sei eine besondere Turing-Maschine, die, wenn sie einer bestimmten sprachlichen Umgebung ausgesetzt ist, quasi von selbst eine automatentheoretische Produktionssyntax, eine generative Syntax entwickele. Anders könne man, so sagt man und meint man damit schon bewiesen zu haben, den Erwerb der syntaktischen Sprachkompetenz kausalgenetisch nicht erklären. Unabhängig von der Frage, ob diese thesenartige ‹Theorie› glaubwürdig ist oder nicht, sollte klar sein, dass das gesamte Erklärungsbild mit einer automatentheoretischen bzw. mathematischen Analogie arbeitet. Analogien dieser Art sind als solche noch nicht als gute wissenschaftliche Theorien ausgewiesen. Denn in solchen Theorien sollte es darum gehen, die realen Phänomene trotz aller dabei nötigen Schematisierungen und Idealisierungen begrifflich passend kanonisch zu ordnen, und das möglichst ohne allzu spekulative Versprechungen und willkürliche Glaubenshaltungen. Wenn man die spekulative Ideologie weglässt, entwickelt man im Paradigma der generativen Grammatik Regelsysteme für eine technische Computerlinguistik. Man überträgt diese dann metaphorisch zurück auf die menschliche Sprache. So meint man, eine exakte ‹Erklärung› des ‹kognitiven Systems› des menschlichen Spracherwerbs und der Sprachkompetenz geben zu können. Die Entscheidung aber, das Gehirn als Rechenautomaten zu modellieren, liegt dem schon zugrunde. Die Frage ist, wie weit diese Metaphern und die sich anschließenden formalsemantischen Theorien etwa bei Fodor oder Richard Montague tragen und ob wir nicht schon vieles über ihre Grenzen wissen könnten und sollten.

Die ‹automatischen› Formalisierungen verfolgen ein besonderes Interesse; ihre Exaktheit macht die Darstellung oder Erklärung aber keineswegs *per se* wissenschaftlicher. Zu bedenken ist insbesondere die Ausklammerung der sogenannten Pragmatik, der Formen und Normen des sozialkooperativen Sprachgebrauchs. Das haben auch Hans Julius Schneider, Christian Stetter und Christoph Demmerling gezeigt. Am Ende liegen die Schemata der Computerlinguistik weit weg von den gegebenen Realitäten eines sozialkooperativen Sprachgebrauchs. Hier haben wir es mit einer Überschätzung und einer Unterschätzung der Bedeutsamkeit des Formalen und der Wiedererkennbarkeit syntaktischer Formen zu tun, auch einer Überschätzung und Unterschätzung von Intuitionen. Solche Intuitionen sind vage Beurteilungen dessen, was man kollektiv in seiner Form als bestimmt erkennen kann oder zu erkennen meint.

2. Erklärungen der Sprachkompetenz

Ein zentrales Problem üblicher ‹Erklärungen› der Sprachkompetenz ist die extreme Allgemeinheit des Wortes ‹erklären›: Alle Arten von Antworten auf die Frage «warum?» können als Erklärungen durchgehen. Dabei nennen manche Antworten Gründe dafür, warum etwas so und so gesagt wurde, andere, warum etwas so und so ist, wieder andere nennen kausale Ursachen dafür, dass etwas im Einzelfall so und so zustande kam, weil es, wenn die Ursachen bestehen, immer so zustande kommt. Das griechische Wort «*aitia*» und das lateinische Wort «*causa*» stehen dabei zunächst ganz allgemein für eine *Sache*, um die es geht. So ist z. B. eine Gerichtssache eine *causa*. Wir differenzieren in der Gebrauchssprache aber selten genau zwischen Gründen und Ursachen. Es ist noch nicht einmal immer der Unterschied klar zwischen einer *causa efficiens*, einer Wirkursache, und einer *causa finalis*, einem handlungsleitenden Endzweck, zumal man gern Motive als ‹Beweggründe› irgendwie dazwischenzuschieben pflegt. Es ist daher schon eine sehr gute und wichtige terminologische Normierung, wenn wir sagen, dass von Gründen nur im Kontext von Handlungen, also auch von Urteilen und Schlüssen, die Rede sein soll.

Bei Ursachen ist dann unbedingt zu unterscheiden zwischen

den empirischen Vorgängerereignissen und den dynamischen Kräften, die wir den Dingen zuschreiben. Diese gibt es als solche nur allgemein. Es gibt sie in unseren immer ideal konstruierten und gesetzesartig artikulierten kausalen Erklärungen. Dabei ist es nur eine reflexionslogische Vergegenständlichung erfolgreicher Erklärungsformen, wenn wir von den Kräften oder Gesetzen der Natur selbst sprechen. Dass dem aus logischen Gründen gar nicht anders sein kann, versteht allerdings nur, wer unsere sprachlogischen Techniken abstraktiver Nominalisierungen beherrscht. Alle anderen meinen, es handele sich hier um eine erst noch zu beweisende *Behauptung*. Dieser weithin übliche Unverstand siedelt Gesetze und Kräfte, Bewegursachen und ‹Motive› in einer Art tiefenstrukturellen Transzendenz an. Damit entsteht ein transzendenter Glaube an eine Hinterwelt, der sich der Form nach nicht mehr von anthropomorphen Theologien unterscheidet, in denen Gott und himmlische Mächte Dinge bewirken. In szientistischen Vorstellungen von gegebenen Naturgesetzen sind es wirksame Kräfte ‹der Natur›, die es angeblich nur aufzufinden und abzubilden gilt. Doch die bloße Ersetzung des Wortes «Gott» durch «Natur» ist kein Fortschritt und bleibt ein Anthropomorphismus.

Ein *explanatives* Erklären gibt Ursachen für regelmäßige Abläufe, die sich von selbst, in diesem Sinn von Natur aus, reproduzieren. Dazu wird gesagt, was sich regelmäßig aus den Anfangsbedingungen ergibt, die sich im Experiment tätig herstellen lassen, oder was sich aus beobachtbaren Anfängen zumeist oder immer ergibt, wenn diese in ihrer relevanten Typik wieder auftreten. Ein *explikatives* Erklären macht dagegen allgemeine Handlungsformen explizit. Man nennt dabei vielleicht auch Gründe und Zwecke sowohl für die allgemeinen Formen als auch ihre besonderen Aktualisierungen.

Selbstverständlich ist es in konkreten Fällen klug, bei einzeln oder oft auftretenden *Mängeln* und *Fehlern* im Handeln oder bei überraschenden Ereignissen nach generischen *Ursachen* zu suchen. Regelmäßig glückende Absichten aber sind *Gründe* und spielen im handelnden Tun eine ganz andere Rolle als effizienzkausale Kräfte, wie sie in unseren dispositionellen Zuschreibungen kausaler Erklärungen vorkommen, vermittelt durch die von uns kanonisierten Naturgesetze. Es ist z. B. irreführend zu sagen, geltende Normen der Kooperativität *wirkten* kausal auf unser intentionales Handeln ein. Daher ist es eine ganz unglückliche, weil die Differenzen vertuschende Gewohnheit, Gründe im Deutschen überhaupt als Ursachen anzusprechen oder mit Kant von einer ‹Kausalität aus Freiheit› zu sprechen. Nur wenn wir an den unendlich weiten Begriff des lateinischen Wortes «*causa*» oder des griechischen «*aitia*» denken, also an einen Oberbegriff für alle Antworten auf Fragen der Form «Worum geht es und warum ist es geschehen?», ist das noch in Ordnung. Die Unterstellung der impliziten Regel, dass die Rede von Ursachen auf kausaleffiziente Gesetze und Erklärungen von natürlichen, d. h. sich von selbst ergebenden Abläufen hinweist, verwirrt hier alles.

Auch der Kontrast zwischen Erklären und Verstehen ist notorisch vage und allgemein. Und doch ist er von großer Wichtigkeit. Verstehen ist, wie Heidegger nicht müde wird zu betonen, zuerst und zuvörderst ein Sich-auf-etwas-Verstehen, also ein *Können* in handelnder Anwendung. So kann es sein, dass ich jemanden nicht verstehe, weil mein Französisch, Englisch oder Deutsch zu schlecht ist. Ich kann aber auch etwas nicht verstehen, weil ich in Mathematik, Physik oder einer anderen Wissenschaft und ebendamit auch in der entsprechenden Wissenschaftssprache zu wenig gebildet bin. Umgekehrt glauben Nichtphilosophen oft, man könne und müsse das, was in der Philosophie gesagt ist, unmittelbar und ohne terminologisches Vorwissen verstehen können. Dabei übersieht man, dass alles tiefere Wissen, gerade auch das Überblickswissen der Philosophie, eigener sprachlicher Kanonisierungen bedarf.

Am Ende greift wieder der Zusammenhang von Sagen und Zeigen. Vor jeder ‹Begründung› einer ‹These› steht der Aufweis, wie etwas zu tun ist. Erst danach kann man fragen, wann und warum es so und nicht anders zu tun ist. Wir sehen jetzt auch, dass wir Theorien, welche einen Bereich von Sachen durch Entwicklung einer unterscheidenden Sprache mit allgemeinen Normalfallinferenzen explizit machen, unterscheiden müssen von spekulativen Theorien im Sinne des Entwurfs logischer Großgeographien, etwa auch zur Planung von Forschungsprojekten. Noch bedeutsamer ist der Unterschied zu bloßen Glaubensphilosophien oder willkürlichen Lieblingsbildern von der Welt. So gibt sich ein technomorpher Physikalismus zum Beispiel mit der Analogie des Verhältnisses von Hardware und Software zufrieden, um das Verhältnis zwischen physiologischen Gehirnprozessen und der Sprachkompetenz im Sinne einer Beherrschung von syntaktischen und semantischen Formen bzw. einem Inhaltsverstehen in dialogischer oder sonst wie kooperativer Kommunikation zu ‹erklären›. Die Frage, ob diese Meinung mehr ist als ein Beschluss, sich nur um Naturwissenschaft und Computertechnik zu kümmern, wird nicht gestellt.

3. Phänomenologie und theoretische Konstruktionen

Sowenig wie eine recht verstandene Grammatikschreibung etwas über die beschriebene Sprache behauptet, sondern nur Formen des Sprachgebrauchs aufweist, diese artikuliert und schließlich Regeln zur besseren Beherrschung etwa einer Schriftsprache oder für schnellere Übersetzungen vorschlägt – wobei dann natürlich über die Güte und den Wert der Vorschläge debattiert werden kann –, so wenig stellt eine recht begriffene Sprachphilosophie *Thesen* auf. Sie ist noch nicht einmal eine Theorie im Sinne eines differentiellen und inferentiellen Systems für einen begrenzten Sachbereich, eher eine logische Landkarte für diverse Bereiche dieser Art, die man dann wie die Syntax, die formale Semantik und gewisse Sprechhandlungstypen eigens theoretisch ordnen und kommentieren kann. Insgesamt aber zeigt Sprachphilosophie an typischen Beispielen und Problemfällen, wie gutes Sprechen funktioniert und was man dazu so alles können und tun muss. Sie weist auf, in welchen weiteren Kontexten des individuellen und gemeinsamen Handelns der Gebrauch der Sprache im Reden steht, etwa beim expliziten Nachdenken, nicht bloß beim sprachlich vermittelten Kommunizieren.

Wenn man daher sagt, der spätere Wittgenstein vertrete die *These*, dass es in der Sprachphilosophie nicht um *Theorien* gehe, dann hat man schon eine irreführende Ausdrucksform gewählt. Denn es handelt sich hier nicht um eine wahre oder falsche *Behauptung*, sondern um eine *Charakterisierung* der besonderen Aufgabe und Form philosophischer Erwägungen im Kontrast etwa zu Vorschlägen im Rahmen einer für bestimmte Zwecke entworfenen Ordnung etwa einer Grammatikschreibung. Daher versteht sich Sprachphilosophie im Sinne Wittgensteins als *sinnkritische Phänomenologie des Sprechens* und als *Hermeneutik der Sprachformen*, nicht als Theorie- oder Systemkonstruktion. Damit wird schon verbal eine vielleicht überraschende Nähe zur Sprachphilosophie Heideggers hergestellt.

Zu sagen, dass Sprachphilosophie nicht theorieförmig zu betreiben sei, hat natürlich nur dann einen Sinn, wenn man eine unerwünschte Vorstellung von einer Theorie abwehren möchte. Kolloquial versteht man unter einer Theorie aber ohnehin immer bloß die Ordnung einer begrifflichen Landschaft zusammen mit terminologischen Vorschlägen für kanonische Unterscheidungen und Inferenzen. Eine solche Übersicht oder Übersichtlichkeit ist nun aber gerade Wittgensteins eigene Zielvorgabe. Abgelehnt wird also nur eine *spezielle* Vorstellung von Theorie, welche sich an mathematischen oder formalen Theorien orientiert. Man denke nicht nur an die formale mathematische Semantik, sondern etwa auch an Andrej Kolmogoroffs axiomatische Wahrscheinlichkeitstheorie. Eine mathematische Entscheidungs- oder Spieltheorie liefert bestenfalls analoge Modelle für ein rationales Entscheiden. Auch Newtons Gravitationslehre liefert ‹nur› ein Strukturmodell für viele Bewegungsformen, keinesfalls für *alle* Veränderungen in der Welt.

Wittgenstein hat erkannt, dass sowohl die Theorien oder Modelle einer formalen Logik als auch komputationelle Sprachmodellierungen wie lokale Bildchen oder *eidola* zu lesen sind, die uns über die Formen der *menschlichen* Sprache nur dann etwas Sinnvolles sagen, wenn wir sie *analogisch* (als Metonymien) lesen und die Wahl der je passenden Modelle für das jeweilige Problem nicht vergessen. Dazu müssen wir mit den Formanalogien wie mit paradigmatischen ‹Sprachspielen› frei und klug umgehen. Wir dürfen mit ihnen nicht rein schematisch operieren. Wittgenstein sieht damit auch, dass für die Fragen und Probleme, die den Philosophen interessieren, nämlich wie die Institution oder Praxisform der menschlichen Sprache (*langage*) und des Sprechens (*parole*) zu verstehen ist, zumeist gut gewählte Beispiele oder Paradigmen mehr zeigen als ausbuchstabierte Theoriemodelle. Das ist so, erstens weil die je besondere Anwendung kanonisierter Schemata der Ausdrucksbildung, der zugehörigen allgemeinen oder eben generischen Normalfallunterscheidungen und Normalfallfolgerungen und der idealen Formulierungen dieser Differenzen und Inferenzen erfahrene kooperative Urteilskraft verlangt. Rein schematische Anwendungen schematischer Regeln reichen nicht aus. Zweitens operieren wir mit einer Unzahl von Modellen und Paradigmen, Bildern und ‹Vorstellungen›, manchmal implizit, manchmal machen wir sie explizit und damit in Umrissen kenntlich. Dabei ertragen wir immer auch Bildbrüche und harte Schnitte oder Perspektivenwechsel, eben weil wir nie rein schematisch schließen, außer in der reinen Mathematik oder beim Nachrechnen von Computeroperationen. Eine schematische Forderung nach formaler Konsistenz unserer Reden ist daher viel weniger klug, als sie gemeinhin erscheint.

Dagegen bedarf es in der *Computerlinguistik* nicht bloß expliziter, sondern schematisch, ja automatisch befolgbarer Regeln. Es geht ja um die Automatisierung der Sprachverarbeitung. Regeln dieser Art sind ein Muster an Exaktheit. Allerdings gibt es andere Paradigmen der Genauigkeit und andere Anforderungen an ein strenges Denken. Das kann man sich leicht daran klarmachen, dass schematische Regeln höchst abstrakt sind, wenn man sie mit der Vielfalt der Formen des Handelns, der Prozesse der Welt und der Abläufe des Lebens vergleicht. Erst erfahrene und angemessene Urteilskraft erlaubt es, Rechenschemata situationsgenau an die besonderen Falltypen und Einzelfälle anzupassen. Die Strenge des Welt- und Sachbezugs steht damit immer in einem gewissen Kontrast zur Exaktheit schematischen Urteilens und rechnenden Schließens. Das hat zur Folge, dass eine bloß exakte Sprachtheorie wie in Chomskys Konstruktionen der generativen Grammatik nach den Mustern von Automatensprachen das reale Phänomen der Sprache gerade nicht streng genug erfassen kann.

4. Die Endlichkeit der unendlichen Formen

Wie in der Arithmetik arbeiten wir in allen Symbolsystemen mit relativ wenigen leicht wiedererkennbaren und reproduzierbaren Grundformen, in der Sprache mit den Phomenen, Morphemen, Wörtern und einigen rekursiven oder quasirekursiven Ausdrucksbildungsschemata. Man spricht dann leicht überschwänglich von einem idealiter unendlichen Bereich bildbarer Ausdrücke beliebiger Länge. Dabei sind die Längen unserer Ausdrücke, Sätze und Texte faktisch höchst begrenzt.

Eine andere Unendlichkeit betrifft den lokalen Gebrauch. Denn Sprache als System von Ausdrucksformen ist in ihrem Gebrauch extrem plastisch. Sie lässt sich höchst flexibel an die Umstände anpassen. In jedem Einzelfall des konkreten Gebrauchs modifizieren wir den Umgang mit Schemata und damit unser Verstehen. Es schmiegen sich sozusagen die Formen des gemeinsamen Unterscheidens und Schließens an die konkreten Gegebenheiten an. So ist etwa der Beispielsatz Chomskys «Farblose grüne Ideen schlafen furios» zunächst sicher rein formalsyntaktisch wohlgeformt und *prima facie* semantisch sinnlos. Man könnte daher mit Jerrold Jacob Katz und Jerry Fodor ein grammatisches Regelsystem vorschlagen, in welchem das Wort «Idee» den Marker «abstrakt» und das Wort «grün» den Marker «konkret» erhält. Man kann dann eine ‹syntaktische› Regel formulieren, die verlangt, dass ein ‹konkretes› Adjektiv nicht einem ‹abstrakten› Nomen zugegeben werden darf. Unser Satz wäre damit kategorial-syntaktisch nicht mehr wohlgeformt. Er wäre im erläuterten Sinn ‹ungrammatisch›. Man kann sich jedoch durchaus auch eine Situation vorstellen, etwa ein Ballett, in dem Tänzerinnen grüne, also ökologische Ideen vertreten und in furioser Weise den Schlaf der farblosen grünen Ideen vortanzen. In einem solchen Fall würde unser Satz sogar wahr.

Chomsky und ihm folgende Sprachphilosophen wie Davidson meinen, dass es so etwas wie eine wohldefinierte Sprache gar nicht *gebe*. Ein *Ersatz* für ‹die Sprache› oder ‹*la langue*› sei die sogenannte *Kompetenz*, die sich Chomsky als eine im Gehirn der Leute verdrahtete Grammatik vorstellt, genauer als ein System, das im Gehirn ein syntaktisches Regelsystem erzeugt, wenn der Mensch in seiner Kindheit einer Sprache ausgesetzt wird, also die syntaktischen Formen im Gebrauch hört und zu reproduzieren lernt. Dabei ist der allgemeine Satz sicher wahr, dass wir lernen müssen, syntaktische Formen wiederzuerkennen und komplexe Ausdrücke und Sätze nach gewissen Formbildungsregeln zu erzeugen. Die Regeln selbst gibt es aber als identifizierbare nur in unserer Sonderpraxis der Grammatikschreibung. Zuvor gibt es die Beherrschung kooperativer Sprach- und Kommunikationsformen und der empraktischen Normen des rechten kooperativen Gebrauchs. Die Hypostasierung der Regeln der Kommentarsprache als Verdrahtungen im Gehirn ähnelt daher der Vorstellung von Nymphen in Bäumen oder der Vorstellung von Avataren, in die wir Gehirninhalte kopieren können.

Chomskys Vorschläge zur ‹Erklärung› der angenommenen ‹Regeln› im Gehirn beanspruchen eine deskriptive Adäquatheit in Bezug auf unseren ‹wirklichen› kognitiven Apparat. Wenn man aber genauer hinschaut, was wirklich getan wird, dann geht es bloß um die Konstruktion von Regelsystemen, die einigermaßen dazu passen, wie wir sprechen und wie wir über ‹korrekte› und ‹unrichtige› Ausdrucksformen urteilen. In diesen Urteilen stimmen wir immer bloß grob, im Allgemeinen überein, so wie unsere Formenreproduktionen nur im Allgemeinen zu *gemeinsam* erkannten Formen führen. Dabei ist die Bedeutung der Formenschemata nie zu unterschätzen. Allerdings operieren wir mit einer Vielfalt von Schemata, Modellen usf., und das nicht rein schematisch.

Die ‹Anwendung› von impliziten Formen und Normen, auch von schon nennend oder beschreibend explizit gemachten Regeln im Sprechen, bei der Produktion von syntaktischen Formen oder bei der Rekonstruktion einer möglichen Produktionsstruktur, heißt bei Chomsky «Performanz». Sie ersetzt die *parole* de Saussures.

Chomskys Revolution der Grammatikschreibung erweist sich jetzt als eine kognitionstheoretische Volte unter dem Bild der automatischen Sprachverarbeitung. Sie vollführt eine Art Wende in eine ‹komputationelle› Theorie der Neurolinguistik. Das Gehirn wird als Sprachverarbeitungsautomat gedeutet. Statt der Sprache, die wir sprechen, wird eine spekulative Grammatik zunächst als syntaktisches Regelsystem konstruiert, das möglichst alle und genau die Sätze einer Sprache schematisch produzieren bzw. im Parsing als produzierbar erkennen soll, die wir *intuitiv* und *vage* irgendwie als ‹grammatisch wohlgeformt› klassifizieren. Die Theorie ist dann aber voll abhängig von einer längst schon vorhandenen strukturellen Sprachbeschreibung, welche mit den klassischen Verfahren wie Ersetzung und Verschiebung von Ausdrucksteilen arbeitet. Das ist sogar noch dort so, wo wir extrem nützliche Regelsysteme für eine automatische Sprachverarbeitung in der Computerlinguistik produzieren. Das Problem ist also nicht das Technische der exakten Regeln, sondern das kognitionstheoretische Computerbild der Sprachverarbeitung, das uns gefangen hält.

Literatur

1. Einführungen

Bertram, Georg W. (2011): *Sprachphilosophie zur Einführung*. Hamburg (Junius).

Blume, Thomas / Demmerling, Christoph (1998): *Grundprobleme der analytischen Sprachphilosophie*. Stuttgart (UTB).

Heintel, Erich (1975): *Einführung in die Sprachphilosophie*. Darmstadt (WBG).

Kambartel, Friedrich / Stekeler-Weithofer, Pirmin (2005): *Sprachphilosophie. Probleme und Methoden*. Stuttgart (Reclam).

Kutschera, Franz von (1971): *Sprachphilosophie*. München (Fink).

Newen, Albert (2005): *Analytische Philosophie zur Einführung*. Hamburg (Junius).

Tetens, Holm (2004): *Philosophisches Argumentieren. Eine Einführung*. München (Beck).

Tugendhat, Ernst / Wolf, Ursula (1986): *Logisch-semantische Propädeutik*. Stuttgart (Reclam).

2. Beiträge

Anscombe, Gertrude Elisabeth M. (1957): *Intention*. Oxford (Basil Blackwell); dt.: *Absicht*. Freiburg / München 1986 (Alber).

Austin, John L. (1955): *How to Do Things with Words. The William James Lectures Harvard University 1955*. Hg. v. J. O. Urmson / M. Sbisà. Oxford / Cambridge (Mass.) 1962 (Clarendon); dt.: *Zur Theorie der Sprechakte*. Stuttgart 1986 (Reclam).

– (1961): *Philosophical Papers*. Hg. v. J. O. Urmson / G. J. Warnock. Oxford 1961, [2]1970 (Univ. Pr.); dt.: *Wort und Bedeutung. Philosophische Aufsätze*. München 1975 (List).

Baker, Gordon P. / Hacker, Peter M. S. (1984): *Frege: Logical Excavations*. Oxford / New York (Blackwell / Oxford Univ. Pr.).

Belnap, Nuel / Perloff, Michael / Xu, Ming (2001): *Facing the Future. Agents and Choices in Our Indeterminist World*. Oxford (Univ. Pr.).

Berka, Karel / Kreiser, Lothar (1971): *Logik-Texte. Kommentierte Auswahl zur Geschichte der modernen Logik*. Berlin (Akademie Verlag).

Blackburn, Simon (1984): *Spreading the Word: Groundings in the Philosophy of Language*. Oxford / New York (Clarendon).

Brandom, Robert B. (1994): *Making It Explicit. Reasoning, Representing and*

Discursive Commitment. Cambridge (Mass.) 1994 (Harvard Univ. Pr.); dt.: *Expressive Vernunft: Begründung, Repräsentation und diskursive Festlegung*. Frankfurt / M. 2000 (Suhrkamp).

– (2000): *Articulating Reason. An Introduction to Inferentialism*. Cambridge (Mass.) (Harvard Univ. Pr.); dt.: *Begründen und Begreifen. Eine Einführung in den Inferentialismus*. Frankfurt / M. 2001 (Suhrkamp).

Bühler, Karl (1982): *Sprachtheorie. Die Darstellungsfunktion der Sprache*. Stuttgart (Gustav Fischer).

Carnap, Rudolf (1928a): *Der logische Aufbau der Welt*. Berlin, Neudr. Hamburg 1968 (Meiner).

– (1928b): *Scheinprobleme der Philosophie*. Berlin, Neudr. Hamburg 1961 (Meiner).

– (1934): *Logische Syntax der Sprache*. Wien / New York ²1968 (Springer).

– (1942): *Introduction to Semantics*. Cambridge (Mass.) (Harvard Univ. Pr.).

– (1947): *Meaning and Necessity*. Chicago ²1956 (Chicago Pr.).

Chomsky, Noam (1957): *Syntactic Structures*. Den Haag (Mouton & Co.).

– (1965): *Aspects of the Theory of Syntax*. Cambridge (Mass.) (MIT Pr.); dt.: *Aspekte der Syntax-Theorie*. Frankfurt / M. 1973 (Suhrkamp).

– (1973): *Reflections on Language*. New York (Pantheon Books); dt.: *Reflexionen über die Sprache*. Frankfurt / M. 1977 (Suhrkamp).

– (1980): *Rules and Representations*. New York 1980 (Columbia Univ. Pr.).

Coffa, J. Alberto (1991): *The Semantic Tradition from Kant to Carnap. To the Vienna Station*. Cambridge (Univ. Pr.).

Dascal, Marcel / Gerhardus, Dietfried / Lorenz, Kuno / Meggle, Georg (1992): *Sprachphilosophie. Ein internationales Handbuch zeitgenössischer Forschung*. 2 Bde. Berlin (de Gruyter).

Davidson, Donald (1980): *Essays on Action and Events*. Oxford (Univ. Pr.); dt.: *Handlung und Ereignis*. Frankfurt / M. 1985 (Suhrkamp).

– (1984): *Inquiries into Truth and Interpretation*. Oxford (Univ. Pr.).

Dummett, Michael A. E. (1973): *Frege. Philosophy of Language*. London ²1981 (Duckworth).

– (1993): *The Seas of Language*. London / Cambridge (Mass.) (Harvard Univ. Pr.).

Evans, Gareth (1982): *The Varieties of Reference*. Oxford (Clarendon).

Evans, Gareth / Mc Dowell, John (Hg., 1976): *Truth and Meaning. Essays in Semantics*. Oxford (Clarendon).

Frege, Gottlob (1879): *Begriffsschrift, eine der arithmetischen nachgebildete Formelsprachen des reinen Denkens*. Halle, Nachdr. in: *Begriffsschrift und andere Aufsätze*. Hg. v. I. Angelelli. Hildesheim 1964 (Olms).

– (1962): *Funktion, Begriff, Bedeutung*. Hg. v. G. Patzig. Göttingen (Vandenhoeck & Ruprecht).

– (1967): *Kleine Schriften*. Hg. v. I. Agnelelli. Hildesheim / Darmstadt (Olms / WBG).

– (1971): *Schriften zur Logik und Sprachphilosophie*. Aus dem Nachlaß. Hg. v. G. Gabriel. Hamburg ²1978 (Meiner).

– (1976): *Logische Untersuchungen*. Hg. v. G. Patzig. Göttingen [2]1976 (Vandenhoeck & Ruprecht).

Fodor, Jerry A. (1987): *Psychosemantics: The Problem of Meaning in the Philosophy of Mind*. Cambridge (Mass.) (MIT Pr.).

Gettier, Edmund L. (1963): «Is Justified True Belief Knowledge?». *Analysis* 23, 121–123; dt.: «Ist gerechtfertigte, wahre Meinung Wissen?», in: Peter Bieri (Hg.), *Analytische Philosophie der Erkenntnis*. Frankfurt / M. [2]1992 (Hain), 91–93.

Gilbert, Margaret (1989): *On Social Facts*. London (Routledge).

– (1996): *Living Together*. Lanham (Rowman & Littlefield).

– (2000): *Sociality and Responsibility. New Essays in Plural Subject Theory*. Lanham (Rowman & Littlefield).

Goldman, Alvin I. (1976): «Discrimination and Perceptual Knowledge». *The Journal of Philosophy* LXXIII, No. 20, 771–791.

Grice, H. Paul (1989): *Studies in the Ways of Words*. Cambridge (Mass.) / London (Harvard Univ. Pr.).

Grönert, Peter / Kannetzky, Frank (Hg., 2005): *Sprache und Praxisform*. Leipzig (Universitätsverlag).

Guttenplan, Samuel (Hg., 1975): *Mind and Language. Wolfson College Lectures 1974*. Oxford (Clarendon).

Habermas, Jürgen (1996): «Sprechakttheoretische Erläuterungen zum Begriff der kommunikativen Rationalität». *Zeitschrift für philosophische Forschung* 50, 65–91.

– (1999): *Wahrheit und Rechtfertigung*. Frankfurt / M. (Suhrkamp).

Heidegger, Martin (1928): *Sein und Zeit*. Tübingen [15]1979 (Niemeyer).

Hintikka, Merrill / Hintikka, Jaakko (1986): *Investigating Wittgenstein*. Oxford (Blackwell).

James, William (1907): *Pragmatism. A New Name for Some Old Ways of Thinking*. Cambridge (Mass.) 1978; dt.: *Der Pragmatismus* (1908), Hamburg 1977 (Meiner).

Kambartel, Friedrich (1989a): *Philosophie der humanen Welt*. Frankfurt / M. (Suhrkamp).

– (1989b): «Versuch über das Verstehen», in: B. MCGuiness et al. (Hg.), *Der Löwe spricht … und wir können ihn nicht verstehen*. Frankfurt / M. (Suhrkamp), 121–137.

Kambartel, Friedrich / Stekeler-Weithofer, Pirmin (1992): «Sprachphilosophie und die Methode der Sprachanalyse», in: Dascal et al. 1992, Nr. 120.

Kamlah, Wilhelm / Lorenzen, Paul (1967): *Logische Propädeutik oder Vorschule des vernünftigen Redens*. Mannheim (Bibl. Inst.).

Kannetzky, Frank (2000): *Paradoxes Denken*. Paderborn (mentis).

Kern, Andrea (2006): *Quellen des Wissens. Zum Begriff vernünftiger Erkenntnisfähigkeiten*. Frankfurt / M. (Suhrkamp).

Krämer, Sybille / König, Ekkehard (2002): *Gibt es eine Sprache hinter dem Sprechen*? Frankfurt / M. (Suhrkamp).

Kripke, Saul A. (1972): *Naming and Necessity*, Erstdr. in: Davidson, Donald / Harman, Gilbert (Hg.), *Semantics of Natural Language*. Dordrecht (Reidel), 253–355, dann auch: Cambridge (Mass.) 1980 (Harvard Univ. Pr.); dt.: *Name und Notwendigkeit*. Frankfurt / M. 1981 (Suhrkamp).

Kripke, Saul A. (1982): *Wittgenstein on Rules and Private Language: An Elementary Exposition*. Cambridge (Mass.) (Harvard Univ. Pr.).

Lewis, David (1969): *Convention. A Philosophical Study*. Oxford (Blackwell).

– (1983): «Scorekeeping in Language Games», in: *Philosophical Papers I*. Oxford (Univ. Pr.).

Lorenz, Kuno (1971): *Elemente der Sprachkritik. Eine Alternative zum Dogmatismus und Skeptizismus in der analytischen Philosophie*. Frankfurt / M. (Suhrkamp).

McDowell, John (1994): *Mind and World*. Cambridge (Mass.) (Harvard Univ. Pr.).

Meggle, Georg (Hg., 1979): *Handlung, Kommunikation, Bedeutung*. Frankfurt / M. [2]1993 (Suhrkamp).

– (1981): *Grundbegriffe der Kommunikation*. Berlin / New York [2]1997 (de Gruyter).

Montague, Richard (1974): «English as a Formal Language», in: *Formal Philosophy. Selected Papers*. Hg. v. R. M. Thomason. New Haven (Yale Univ. Pr.).

Newen, Albert (1996): *Kontext, Referenz und Bedeutung. Eine Bedeutungstheorie singulärer Terme*. Paderborn (Schöningh).

Prütting, Lenz (2013): *Homo ridens. Eine phänomenologische Studie über Wesen, Formen und Funktionen des Lachens*. 3 Bde. Freiburg (Alber).

Putnam, Hilary (1975): «The Meaning of ‹Meaning›», in: *Mind, Language and Reality. Philosophical Papers*, Bd. 1. Cambridge (Univ. Pr.).

Quine, Willard V. O. (1960): *Word and Object*. Cambridge (Mass.) (MIT Pr.); dt.: *Wort und Gegenstand*. Stuttgart 1980 (Reclam).

Rödl, Sebastian (2005): *Kategorien des Zeitlichen. Eine Untersuchung der Formen des endlichen Verstandes*. Frankfurt / M. (Suhrkamp).

Rorty, Richard (Hg., 1967 / 1992): *The Linguistic Turn. Recent Essays in Philosophical Method*. Chicago / London (Univ. Chicago Pr. / Harvard Univ. Pr.), 1–39.

– (1979): *Philosophy and the Mirror of Nature*. Princeton (Univ. Pr.); dt.: *Der Spiegel der Natur. Eine Kritik der Philosophie*, Frankfurt / M. 1981 / 1987 (Suhrkamp).

Savigny, Eike von (1983): *Zum Begriff der Sprache. Konvention, Bedeutung, Zeichen*. Stuttgart (Reclam).

– (1988): *The Social Foundations of Meaning*. Berlin (Springer).

– (1996): *Der Mensch als Mitmensch*. München (dtv).

Schneider, Hans Julius (1992): *Phantasie und Kalkül. Über die Polarität von Handlung und Struktur in der Sprache*. Frankfurt / M. (Suhrkamp).

Searle, John R. (1969): *Speech Acts. An Essay in the Philosophy of Language*. Cambridge (Univ. Pr.).

– (1983): *Intentionality. An Essay in the Philosophy of Mind*. Cambridge / London (Univ. Pr.).

Sellars, Wilfrid (1963): *Empiricism and the Philosophy of Mind*. Cambridge (Mass.) ²1997 (Harvard Univ. Pr.).

Stekeler-Weithofer, Pirmin (1986): *Grundprobleme der Logik. Elemente einer Kritik der formalen Vernunft*. Berlin (de Gruyter).

– (1995): *Sinnkriterien. Die logischen Grundlagen kritischer Philosophie*. Paderborn (Schöningh / mentis).

– (2009): «Zur Logik des ‹Aber›. Allgemeines Erfahrungswissen in besonderer Anwendung auf empirische Einzelfälle». *Allgemeine Zeitschrift für Philosophie* 34, 29–54.

Stetter, Christian (1999): *Schrift und Sprache*. Frankfurt / M. (Suhrkamp).

– (2005): *System und Performanz. Symboltheoretische Grundlagen von Medientheorie und Sprachwissenschaft*. Weilerswist (Velbrück).

Strawson, Peter F. (1950): «On Referring». *Mind* 59, 320–344.

– (1966): *The Bounds of Sense. An Essay on Kant's Critique of Pure Reason*. London (Methuen); dt.: *Grenzen des Sinns*. Königstein / Ts. 1981 (Hain).

Thompson, Michael (2008): *Life and Action. Elementary Structures of Practice and Practical Thought*. Cambridge (Mass.) (Harvard Univ. Pr.); dt.: *Leben und Handeln. Grundstrukturen der Praxis und des praktischen Denkens*. Berlin 2011 (Suhrkamp).

Tomasello, Michael (1999): *The Cultural Origins of Human Cognition*. Cambridge (Mass.) (Harvard Univ. Pr.).

Tugendhat, Ernst (1976): *Vorlesungen zur Einführung in die sprachanalytische Philosophie*. Frankfurt / M. (Suhrkamp).

Turing, Alan (1950): «Computing Machinery and Intelligence», *Mind* 59, 434–460.

Waismann, Friedrich (1976): *Logik, Sprache, Philosophie*. Stuttgart (Reclam).

– (1984): *Wittgenstein und der Wiener Kreis*. (Wittgenstein, Ludwig: *Werkausgabe*. Bd. 3). Frankfurt / M. (Suhrkamp).

Wellmer, Albrecht (2004): *Sprachphilosophie. Eine Vorlesung*, hg. v. Th. Hoffmann / J. Rebentisch / R. Sonderegger, Frankfurt / M. (Suhrkamp).

Williams, Bernard (2002): *Truth and Truthfulness*. Princeton (Univ. Pr.); dt.: *Wahrheit und Wahrhaftigkeit*. Frankfurt / M. 2003 (Suhrkamp).

Wittgenstein, Ludwig (1921): *Tractatus logico-philosophicus*. Erstdr. in: *Annalen der Naturphilosophie*, dann auch in: *Werkausgabe*. Bd. 1. Frankfurt / M. 1984 / ⁶1989 (Suhrkamp).

– (1953): *Philosophical Investigations / Philosophische Untersuchungen*. Oxford (Blackwell), auch in: *Werkausgabe*. Bd. 1. Frankfurt / M. 1984 (Suhrkamp).

Wright, Crispin (1983): *Frege's Conception of Numbers as Objects*. Aberdeen (Univ. Pr.).

– (Hg., 1984): *Frege: Tradition and Influence*. Oxford (Blackwell).

C.H.BECK **WISSEN**

Zuletzt erschienen:

2222: Lütteken, **Richard Strauss • Die Opern**
2613: Kroll, **Geschichte Sachsens**
2744: Conze, **Das Auswärtige Amt**
2751: Beutelspacher, **Zahlen**
2752: Kammertöns, **Das Klavier**
2757: Khan, **Das Rote Kreuz**
2760: Maissen, **Geschichte der Frühen Neuzeit**
2766: Voss, **Richard Wagner**
2774: Thamer, **Die Völkerschlacht bei Leipzig**
2778: Duchhardt, **Der Wiener Kongress**
2779: Englhart, **Das Theater der Gegenwart**
2780: Faulenbach, **Willy Brandt**
2781: Gilomen, **Wirtschaftsgeschichte des Mittelalters**
2782: Gross, **November 1938**
2783: Kocka, **Geschichte des Kapitalismus**
2784: Kurz, **Geschichte des ökonomischen Denkens**
2785: Jansen/Osterhammel, **Dekolonisation**
2786: Preckel/Baudson, **Hochbegabung**
2787: Röhl, **Wilhelm II.**
2788: Sommer, **Wirtschaftsgeschichte der Antike**
2790: Rohrsen, **Der Tee**
2796: Unschuld, **Traditionelle Chinesische Medizin**
2797: Bahlcke, **Geschichte Tschechiens**
2798: Benz, **Der deutsche Widerstand gegen Hitler**
2799: Jussen, **Die Franken**
2800: Höffe, **Ethik**
2801: von der Pfordten, **Rechtsphilosophie**
2805: Kornwachs, **Philosophie der Technik**
2806: Newen, **Philosophie des Geistes**
2808: Tetens, **Wissenschaftstheorie**
2820: Horn, **Philosophie der Antike**
2821: Sturlese, **Philosophie im Mittelalter**
2824: Rentsch, **Philosophie des 20. Jahrhunderts**
2825: Mombauer, **Die Julikrise**
2826: Schnettger, **Der Spanische Erbfolgekrieg**
2828: Ubl, **Die Karolinger**
2829: Vocelka, **Sisi**
2830: Vogtherr, **Die Welfen**